光明閣

前方千萬裏

王樹明

弘久書法彥

[印]

思想史视野中的东亚

黄俊杰　著

社会科学文献出版社

SOCIAL SCIENCES ACADEMIC PRESS (CHINA)

孝經一卷

開宗明義章第一

仲尼居〔仲尼孔子字。居謂閒居〕曾子侍〔曾子孔子弟子。子侍謂侍坐〕子曰：先王有至德要道，以順天下，民用和睦，上〔孝者德之至，道之要，言先代聖德之化〕下無怨〔之主能順天下人心行此至要之化。則上下臣人和睦無怨〕女知之乎？曾子避席曰：參不敏，何足以知之〔參曾子名也。禮師有問避席起。何足以知此至要之義〕〔女音汝下同〕子曰：夫孝，德之本也〔人之行莫大於孝故

《孝经》书影

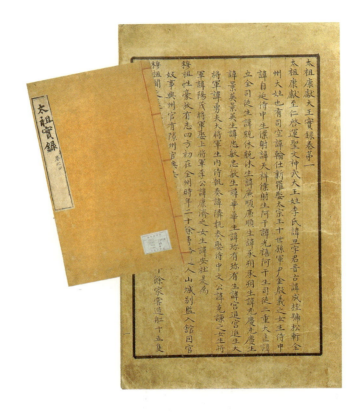

太祖康獻大王實錄卷第一

太祖康獻至仁啓運聖文神武大王姓李氏諱旦字君晉古諱成桂號松軒全
州大姓也有司空諱翰仕新羅娶太宗王十世孫軍尹金殷義之女生侍中
諱自延侍中生諱兢休射生諱天祚諱射生阿干諱于生司徒三重大匡諱
立全司徒生諱兢休兢休生諱忠敏敏生諱廉順順生諱光慶光慶生
諱景英景英生諱承朔承朔生諱宮進宮進生大
將軍諱勇夫大將軍生内侍執奏諱珣有生諱宮道宮道生大
軍諱陽茂大將軍生諱安社安社是爲
穆祖牲豪放有志四方初在全州時年二十餘爲　　　一人山城別監入館日官
妓事興州官冇陳州官吏　　之
穆祖聞之

下餘家嘗造舡十五隻

朱子白鹿洞书院

嶽麓書院學規

一時常省問父母　一朔望恭謁聖賢

一氣習各矯偏處　一舉止整齊嚴肅

一服食宜從儉素　一外事毫不可干

一行坐必依齒序　一痛戒訐短毀長

一損友必須拒絕　一不可聞談廢時

一日講經書三起　一日看綱目數頁

一通曉時務物理　一參讀古文詩賦

一讀書必須過筆　一會課按刻蚤完

一夜讀仍戒晏起　一疑誤定要力爭

乾隆戊辰春王文清九溪南手定

岳麓书院学规

李退溪陶山书院

巖巖李夫子　繼開一古今　十圖河理訣百世
詒人心　雲谷綦書潤　濂溪風月尋聲
後三百載　萬國乃同欽

新會梁啓超題

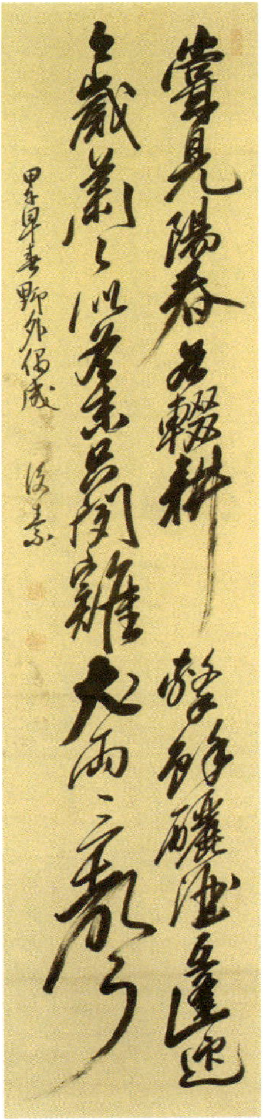

大盐平八郎行书

孙中山先生墨宝

简体中文版序

　　《思想史视野中的东亚》这部书所收的论文，大多是我写作《东亚儒家仁学史论》一书过程中，为了解决所触及的个别问题，而做的小研究。这部书 2016 年 10 月在台湾大学出版，现承蒙东北师范大学韩东育副校长与董灏智院长的协力，出版简体字版，我非常感谢。我想趁这个机缘，就 21 世纪东亚研究的相关问题略申管见，以就教于广大读者。

　　本书各章所探讨的主题虽各不相同，但都采取东亚的视野，将各个议题置于东亚的脉络中加以探讨，并衡定其意义。因此，我想从 21 世纪东亚研究的必要性及其愿景开始讨论。

　　居 21 世纪而思考东亚研究的必要性，必须从历史视野出发思考。首先，17 世纪以降中国外围地区如朝鲜与日本，主体意识日益苏醒，至 18 世纪臻于成熟。但中国因广土众民，自古以来就发展出一个"以中国为中心的世界秩序"（Sinocentric world order）[①]。古代中国人将周边地区的人，视为"东夷""西戎""南蛮""北狄"，而中国居世界之正中，不仅是地理的中心、政治的中心，更是文化的中心。中国自古以来之所以形成这种世界观，实因中国雄踞东亚，地大物博，

---

① 参看 Lien-sheng Yang, "Historical Notes on the Chinese World Order," in Fairbank ed., *The Chinese World Order: Traditional China's Foreign Relations*, Cambridge, Mass.: Harvard University Press, 1968, p. 20。

正如 18 世纪下半叶日本儒者、宽政三博士之一的尾藤二洲（1747—1813）所说："汉之为国，土地广大，人民蕃庶，文物典章之备，诸国莫与为比，其称为华为夏，是实然之名，非其人自私张大其号也。"① "中国"是"实然之名"，尾藤二洲之说得其情实。

所以，中国知识人对韩、日等邻国社会文化的兴趣极少，可以说 18 世纪以降的东亚各国之间，实处于互为陌生人的状况。18 世纪兼摄考据与义理之学的戴震（1724—1777）虽然对地理之学颇有兴趣，有《水地记》等地理著述，但他的眼光始终未出中国本土。到了 19 世纪末的 1884 年（日本明治 17 年、清光绪十年），日本学者冈千仞（鹿门，1833—1914）游历中国，曾对李慈铭（1830—1894）说，"我邦学者无不涉中土沿革，而中土学士蒙然我邦沿革"②，这是完全符合当时实情的说法。

接着，历史进入狂风暴雨的 20 世纪，东亚各国都受到西方帝国主义的侵凌，而亚洲新兴的日本则侵略了朝鲜与中国。20 世纪上半叶日本对中韩两国的侵略与殖民，造成中韩两国人民用血泪写历史的伤痕，至今尚无法完全愈合。

站在 21 世纪历史的地平线上，盱衡寥廓世界，眺望苍茫

---

① 尾藤二洲「静寄餘筆」卷上、関儀一郎編『日本儒林叢書』第 2 冊、東洋図書刊行会、1928、10 頁。
② 〔日〕冈千仞：《燕京日记》卷上，收入《观光纪游》，台北：文海出版社，1971，第 154 页。

大地，如果我们有心于建立新时代的"东亚文明共同体"，不仅 20 世纪东亚历史的伤痕必须愈合，而且更重要的是 21 世纪东亚各国必须走向"和解"。所谓"和解"包括各种层面的"和解"，例如政治的、社会的、经济的"和解"，不一而足，但是，我认为，最为重要并最为关键的当是各国人民之间"心灵的和解"。"心灵的和解"是世运兴衰、人物奸贤的温度针，只有通过人民之间"心灵的和解"，东亚各国才能在 21 世纪完成"重新的和解"（reconciliation），实践 1924 年孙中山在日本神户演讲时所提出的以"王道文化"为底蕴的"大亚洲主义"的理想。1925 年青年毛泽东曾提出"怅寥廓，问苍茫大地，谁主沉浮？"的大哉问，在 21 世纪舆图换稿的新时代里，遵循儒家仁学，遵循中华文化的"王道"精神，才是追求亚洲与世界的和平的坦途。

东亚各国之间文化的相互理解与认识，正是各国国民"心灵的和解"最重要的础石。几十年来我对于通过人文研究，而追求亚洲的和平与繁荣的理想，不胜其向往之情，忘了自己的鄙陋，有心于拓展中国人文研究的东亚视野，虽然用心良善，但绠短汲深，所见者浅，谨待读者诸君子之审正。

黄俊杰于台北文德书院

2021 年 10 月 15 日

自 序

　　《思想史视野中的东亚》这部书，共收录近年来我在研究东亚思想史过程中，所撰写的单篇论文10篇。这些论文的主题较具独立性，其中部分论文是我近年来研究东亚儒家"仁"学这项课题时，为解决所触及的诸多问题而写作的独立论文，所以汇整成论文集付梓。我愿在此书出版前夕，说明本书各文要旨，以就教于读友。

　　进入21世纪以后，世局板荡，舆图换稿，在中国再起与亚洲崛起的新时代潮流中，东亚各国的人文研究出现两个互补但互相激荡的研究方向：一方面，源远流长的以国家为框架的国别研究仍持续发展；另一方面，以东亚为视域并将东亚视为一个区域的新兴研究也风起云涌，方兴未艾。本书第一章讨论近三百年来东亚各国思想交流经验中的"接受者主体性""概念的自主性"，以及交流过程所见的"概念的层级性"等问题。这篇论文以"道""仁""仁政""中国""革命"等在思想光谱上不同强度与层级的概念为例，探讨这些概念在东亚思想交流中对异域的接受者之冲击，以及异域接受者对这些概念所采取的挪用与新诠。这篇论文是对于我所说的东亚思想交流中"脉络性转换"（contextual turn）现象 ① 的进一步探讨。

---

　　① 参见 Chun-chieh Huang, *East Asian Confucianisms: Texts in Contexts,* Göttingen and Taipei: V&R Unipress and Taiwan University Press, 2015, chapter 2, pp. 41-56。

在 20 世纪以前的东亚思想交流史中，儒家思想居于主流之地位。本书第二章分析深深浸润在儒家传统中的中国历史思维的几个关键词，呈现中国历史思维中"事实判断"与"价值判断"的密切关系。我在拙著《儒家思想与中国历史思维》（台北：台大出版中心，2014；华东师范大学出版社，2016）一书中，曾对中国历史思维中"事实"与"价值"绾合这项事实有所探讨。本书第二章进一步指出，这种历史思维的特质不仅呈现在传统中国历史写作之中，也见之于 12 世纪朝鲜史家金富轼（1075—1151）所撰《三国史记》，以及 20 世纪连横（字雅堂，1878—1936）所撰《台湾通史》的史论文字之中。

本书第三章比较中韩历史所见的儒家知识分子与两国政治权力之间，既不可分割但又互有紧张之关系。第四章讨论朝鲜时代君臣对话中的《论语》，可以具体显示儒家经典不是不食人间烟火的高文典册，而是与现实政治密切互动的政治福音书。《论语》这部经典对朝鲜君臣的政策与措施，发挥了引导性（orientative）与评价性（evaluative）之作用。朝鲜时代的朝鲜君臣在诠释儒家经典文本时，就已经同时在运用经典文本。

在中日思想比较视野之中，如果说中国儒者（尤其是宋代理学家）倾向于"存心伦理学"，那么，相对而言，日本儒者（尤其是古学派儒者）浸润在"实学"思想氛围之中，多半倾向于"功效伦理学"。本书第五章析论德川时代日本儒者的"功效伦理学"立场，指出日本儒者对"善的本质是什么"这个问题不太关心，他们念兹在兹的问题是"善行能产生何种效果"。日本儒者的哲学立场，比较接近北宋功利学派诸君子的哲学立场。

　　本书第一章论东亚交流史中概念有其层级性时曾指出，普遍性愈高的概念如"仁"或"道"，愈容易被异域人士所接受；特殊性愈高的概念，如"中国"，就愈难以被异邦知识分子所接受，而必须加以"去脉络化"与"再脉络化"，进行"脉络性的转向"。本书第六章比较 11 世纪北宋石介（1005—1045）的《中国论》，与 18 世纪日本浅见絅斋（1652—1712）的《中国辨》这两篇同样论述"中国"概念的论文，指出石介与浅见絅斋同样使用"中国"一词，但却呈现截然不同的世界观，也有互异的理论基础。在东亚历史上，凡是历史扉页快速翻动的关键时刻，东亚知识分子莫不对中国的动向付予深刻的关怀。以 20 世纪历史为例，1920 年代是中国历史再次经历巨变的年代，1928 年 6 月，北伐完成，中国统一，中国知识界爆发"中国社会史论战"，寻找中国未来的路向。1914 年，日本汉学家内藤湖南（1866—1934）发表《支那论》，1924 年又发表《新支那论》，表达他对中国动向的看法。一些日本知识分子，也提出各形各色的"中国改造论"。1926—1927 年，台湾知识分子也在《台湾民报》上展开"中国改造论"的论辩。在抗战末期的 1943 年，罗梦册（1906—1991）在大后方重庆撰写《中国论》一书。1970 年身处时代动荡中的梁漱溟（1893—1988）写作《中国——理性之国》（收入《梁漱溟全集》卷4），深思中国问题之出路。今日的中国与东亚，正站在历史的十字路口上，中外知识界的中国论述，言人人殊，本书第六章正写作于这种历史背景之中。太史公司马迁著史所展现的"原始察终，见盛观衰"的历史慧识，我虽不能至，但心向往之。在历史棋局旋乾转坤的21世纪，本书第六章亦有其"述往事，思来者"之微意云尔。

21世纪的东亚一方面经济快速成长，呈现一片欣欣向荣、火树银花的繁荣景象；另一方面，各国的民族主义甚嚣尘上，东亚的国际关系颇为紧张。在中西文化激荡争衡的21世纪，东亚儒家教育哲学与儒家王道政治的理念，都深具新时代的启示。本书第七及第八两章，就检讨东亚儒家以"为己之学"为核心的教育哲学与以"王道"为中心的政治哲学的内涵，并展望它们对21世纪的新意义。本书第九章进一步探讨孙中山（1866—1925）先生1924年在日本神户所提出的"大亚洲主义"中的"王道"思想，及其提出此论时的中日关系史与世界史的历史背景。在21世纪亚洲各国民族主义快速发展、国际关系日益紧张的今日，孙中山思想对亚洲和平的建构，实有其深刻的启示。

在近年来诸多以东亚作为"接触空间"的思想史论著中，山室信一（1951—）的理论特别值得重视。本书第十章检讨山室信一所提倡以东亚之"空间"作为"思想"的研究进路及其可能的问题。

总之，思想史视野中所见的东亚，是一幅彩色的而不是单色的图像。儒学传统固然在东亚思想交流中始终居于主流之地位，但是其他思潮（如佛教）也波涛汹涌，呈现万川争流的景象。而且中国儒学东传朝鲜半岛与日本之后，都历经异域学人出新解于陈篇，高潮迭起，穷岛屿之萦回，峰回路转，列冈峦之体势。儒学传统在东亚之得以日新又新，正是由于既有源自古代儒家经典的源头活水，又有中、日、韩、越异时异地的国君与儒臣为经典注入现代政治含义，从经典中汲取现实政治的灵感；更有各家各派的思想家之参与对话，提出新诠。不同哲学立场的各国儒者在阅读经典、主客相搏之际，山川为之震眩；各派儒者激辩之时，常常声析江河，势崩雷电。在山室信一所谓"被创造的东亚"［創られるアジア，相对于"被赋予的东亚"（与えられるアジア）而言］之形成与发展的过程中，"东亚"地域实际上是一个众声喧哗的剧场，而不是一首由单一国家所指挥的交响曲。17 世纪以后，东亚各国的主体性虽然逐渐形成、茁壮，但是，东亚各国也都分享儒学、佛教、汉字、中医等共同文化元素。在历史的地平线上，"东亚"这个概念，恒处于东亚各国人民的交流互动之中，而不是抽离于各国人民之上的抽象概念。作为东亚思想与文化之主流的儒家价值体系，一直是东亚各国知识分子与庶民大众共享的精神资产，而不是由少数权力精英所垄断的意识形态。儒家"王道文化"的精义正在于此。

本书各章内容，是我近年来的读书偶见，以管窥豹，以蠡测海，实见笑于方家。本书附录共四篇，第一篇论 20 世纪中国新儒家徐复观（1904—1982）先生在撰写《中国人性论史·先秦篇》一书时，所呈现的思想史方法论倾向及其创见。其余三篇附录则是为拙书的外文译本所撰写的序言。

本书初稿承蒙蔡振丰教授、林维杰教授、藤井伦明教授与张昆将教授审阅，提出诸多教言，惠我良多，谨申衷心感谢之至忱。凡采用四位善友的高见之处，均在附注中声明并敬致谢意。读者其有悯我之所不足，匡我之所不逮者，则幸甚焉。

黄俊杰

2016 年 7 月 1 日

目　次

第一章
东亚近世思想交流中概念的
类型及其移动

一 引言

东亚地域自古以来是许多文化与政治权力互相遭遇、冲突、协商与融合的"接触空间"（contact zone）。①在 19 世纪中叶西方列强入侵以前的东亚世界里，中国是区域中最强大的国家，在权力不对等与文化不对等的状况下，与周边国家进行交流。

在近三百年来东亚的思想交流中，许多重要概念如"道""仁""仁政""中国""革命"等均起源于中国，而向周边地区传播。东亚概念移动与传播的过程，呈现如萨义德（Edward W. Said，1935-2003）从近代西方文学理论之移动经验所归纳的四个阶段：（1）起源点；（2）时间之距离；（3）接受之条件；（4）新时空之中新用法与新地位之形成。②但是在

---

① "接触空间"一词用 Mary Pratt 的定义，见 Mary L. Pratt, *Imperial Eyes: Travel Writing and Transculturation*, London: Routledge, 2000, c1992, p. 6。

② Edward W. Said, *The World, the Text, and the Critic,* Cambridge: Mass.: Harvard University Press, 1983, pp. 226-227. 此书有中译本，爱德华·萨义德:《世界·文本·批评者》，薛绚译，台北：立绪文化事业有限公司，2009，第 344—345 页。

东亚交流史之概念的移动过程中，外来概念与移入地的本土因素之间的协商与冲突颇为激烈，值得深入观察。

本章以东亚思想交流史所见的四个概念——"道""仁政""中国""汤武革命"作为具体例证，分析概念的类型及其移动之效应，指出在东亚思想交流中，概念之"普遍性"（universality）愈高者，愈容易被异域人士所接受并融入异时异地之文化氛围与异域人士之思想脉络。反之，概念之"特殊性"（particularity）愈高者，愈容易受到传入地知识分子之排斥，愈难以融入传入地之文化或政治氛围。"普遍性"高的概念之"超时空性"较强，而且多半属于"文化认同"（cultural identity）领域；"特殊性"高的概念则深具"时空性"，常涉及"政治认同"（political identity）问题。

为了论证上述论旨，本章第二节先讨论东亚思想交流史中概念接受者的主体性问题，及其在概念移动中所产生的作用，本章第三节分析概念之类别及其在思想交流中之效果，第四节则提出结论。

二　东亚思想交流中的接受者主体性问题

在进入思想交流中接受者的主体性这个问题之前，我想首先指出：任何抽象概念一旦经由起源地形成或由开宗立范之思想人物提出之后，就取得了相对于思想接受者之自主性而言的自主性，因而也具有流动性，可以移动于不同的时间与空间。虽然后来参与思想交流的人物，会运用各种譬喻而将抽象概念具体化，但这只是为了阐明抽象概念之内涵，概念本身并不会因为被具体化而被固定化，因而阻碍其跨域之流动性。

　　由于直到 19 世纪中叶以前，中国一直在东亚交流活动中占主导地位，也是诸多思想或概念的起源地，所以过去学术界许多有关东亚文化交流史的研究论著，常常过度聚焦于作为"中心"的中国，而致力于研究"中心"对周边的"影响"。[①]此类研究论著对于中国文化之向外传播之研究，已经累积可观的成果，确有其贡献，但因常假定作为"中心"的中国文化与思想是最高的标准范式，所以常致力于检核周边国家的文化与思想距离最高标准尚有多远。此种研究或可称为"忠诚度研究"（fidelity studies）。

　　这种研究视野虽有其操作上的方便，也累积了相当多的研究成果，但是这类研究最大的障蔽在于过度忽略文化或思想交流中的接受者实有其主体性。诚如东晋（317—420）郭璞（字景纯，276—324）所说，"物不自异，待我而后异"，[②]"自我"主体性必须先建立，才能在文化交流中真正认识"他者"，并与"他者"亲切互动。思想或概念的接受者身处他们特定的时间与空间之中，面对境外传来的新思想或新概念，他们自主决定接受或拒斥，他们也决定如何接受或进行何种转化。在东

---

① 　如朱云影《中国文化对日韩越的影响》，台北：黎明文化事业公司，1981；朱谦之《中国哲学对欧洲的影响》，河北人民出版社，1999。

② 　（晋）郭璞注《山海经·序》，台北：台湾商务印书馆，1965，影印本，第 1 页。

亚思想交流史中，概念的接受者并非毫无自主意志地等待被外来思想洗礼，他们正是在与外来思想冲突、协商、融摄的过程中，建构并彰显他们的主体性。

但是，什么是"思想接受者的主体性"呢？这个问题可以从两个角度来思考。第一个角度是"主客对待"意义下的"主体性"。所谓"主"是指文化交流中思想或概念的接受者而言，"客"则是指域外传入的文化或思想而言。相对于概念的创始者或起源地之作为"他者"而言，概念的接受者绝不屈己以从人，反而致力于改变来自"他者"的概念或重新解释"他者"的思想，以适应"自我"的思想风土，从而彰显概念接受者的主体性。

第二个角度是：相对于外来概念移入后所可能产生的社会、政治、经济效果而言，只有作为外来概念之接受者的"人"才是"主体"。这是"主副对待"意义下的"主体性"。《六祖坛经》云："一切修多罗及诸文字……皆因人置。"[①] 在概念的移动过程中，首先撞击的是文本的阅读者，只有阅读者才是解读外来概念的主体。对东亚儒家经典的阅读者而言，经典文字的解读是第二义的工作，最重要的是经典阅读者的生命如何受到经典的召唤（calling），而有所转变与提升。不论就"主客对待"而言，或是就"主副对待"而言，经典解读者的"主体性"，恒居于首出之地位。

---

① （唐）释慧能:《六祖坛经·般若品第二》，善导寺佛经流通处，第25—26页。

在以上两种意义下的"思想接受者的主体性"照映之下，源自境外的概念的移动，常常有以下两种调整方式。

第一种调整方式是"挪用"（appropriation）。在思想交流或概念移动之中，所谓"文本"并不是只依原样而被理解，实际上，"文本"因应解读者的情境而对异域的解读者敞开、说话。① 在"文本"与解读者对话的过程中，"文本"的含义就必然会被解读者"挪用"，并创造新的含义。

在东亚的概念移动中，日本对"中国"这个概念的"挪用"最具有代表性。我过去曾说："中国古代经典所见的'中国'一词，在地理上认为中国是世界地理的中心，中国以外的东西南北四方则是边陲。在政治上，中国是王政施行的区域。"②11 世纪上半叶北宋石介（字守道、公操，1005—1045，学者称徂徕先生）所撰的《中国论》这篇以"中国"为题的文章中，更将"中国"提升为居宇宙之中心位置的国家。石介说：

> 夫天处乎上，地处乎下，居天地之中者曰中国，居天地之偏者曰四夷。四夷外也，中国内也。天地为之乎内外，所以限也。③

----

① 参考 Gerald L. Bruns, *Hermeneutics: Ancient and Modern*, New Haven and London: Yale University Press, 1992, p. 76。

② 黄俊杰：《东亚文化交流中的儒家经典与理念：互动、转化与融合》，台北：台大出版中心，2010，第 86 页。

③ （宋）石介：《中国论》，收入陈植锷点校《徂徕石先生文集》卷 10，中华书局，2009，第 116 页，并参看本书第七章。

这样定义下的"中国"概念，从 17 世纪以后随着中国典籍东传日本，难以获得日本知识分子的认可，他们站在"日本主体性"立场，将"中国"一词挪用来指称日本。17 世纪的山鹿素行（名高兴、高佑，1622—1685）说：

> 以本朝（指日本）为中国之谓也，先是天照大神在于天上，曰闻苇原中国有保食神，然乃中国之称自往古既有此也。……愚按：天地之所运，四时之所交，得其中，则风雨寒暑之会不偏，故水土沃而人物精，是乃可称中国，万邦之众唯本朝及外朝得其中，而本朝神代，既有天御中主尊，二神建国中柱，则本朝之为中国，天地自然之势也。[1]

三十年后，浅见絅斋（名安正，别号望南轩，1652—1711）撰写《中国辨》一文，解构"中国"概念在地理上的固定性，他强调日本与中国"各是天下之一分"，并无贵贱之分。浅见絅斋说：

> 中国夷狄之名，久行于儒书之中。因此，儒书盛行于吾国，读儒书者即以唐为中国，以吾国为夷狄，甚至

---

[1]　山鹿素行『中朝事実』広瀬豊編『山鹿素行全集・思想篇』岩波書店、1942、上册、第 13 卷、「皇统・中国章」、234 頁。

有人后悔、慨叹自己生于夷狄之地。……夫天包地罗，地往往无所不戴天。然则各受土地风俗的约束之处，各是天下之一分，互无尊卑贵贱之嫌。①

德川时代日本知识分子站在"日本主体性"立场，将"中国"这个概念中的"中国中心主义"（Sinocentrism）予以"去脉络化"，并将"中国"概念"再脉络化"于日本的社会政治情境之中，可以说是最典型的在"脉络性转换"②之中，"挪用"外来概念的一个个案。

　　第二种调整方式是"新诠"（re-interpretation）：对外来的概念提出新的解释，赋予新的意涵，使外来概念易于被移入地的人士所理解并接纳，而融入当地的文化风土之中。

　　中国的"仁"这个概念东传日本的经验，是说明这种融旧以铸新方式最恰当的例证。在先秦儒家"仁"学论述中，"仁"既是私领域的私人道德，又是公领域的社会伦理与政治

---

①　浅见絅斎「中国辨」吉川幸次郎等编『日本思想大系・31・山崎闇斎学派』岩波书店、1980、416 頁。原稿系古日文，感谢工藤卓司教授与池田晶子女士指导并协助解读，中文译文如有欠妥之处，系笔者之责任。参看本书第六章。

②　关于中日儒家思想交流史所出现的"脉络性转换"，参考拙作 Chun-chieh Huang, "On the Contextual Turn in the Tokugawa Japanese Interpretation of the Confucian Classics: Types and Problems," *Dao: A Journal of Comparative Philosophy*, Vol. 9, No. 2 (June, 2010), pp. 211-223，in Chun-chieh Huang, *East Asian Confucianisms: Texts in Contexts,* chapter 2, Göttingen and Taipei: V&R Unipress and Taiwan University Press, 2015, pp. 41-56。

原则，诚如萧公权（1897—1981）先生所说："孔子言仁，实已冶道德、人伦政治于一炉，致人、己、家、国于一贯。"①孔子之后，"仁"成为东亚各国儒家学者共同的核心价值，古代中国多以"爱"言"仁"，到了南宋，朱子（晦庵，1130—1200）撰《仁说》，这篇文章以"心之德，爱之理"阐释"仁"，将"仁"提升到宇宙论与形而上学层次，大幅提高了人之存在的高度与广度。

自从朱子提出"仁说"之后，朝鲜时代（1392—1910）儒者如郑介清（1529—1590，中宗二十四年—宣祖二十三年）②、尹舜举（1596—1668，宣祖二十九年—显宗九年）③、柳致明（1777—1861，正祖元年—哲宗十二年）④、徐圣耇（1663—1735，显宗四年—英祖十一年）⑤、李野淳（1755—1831，英祖三十一年—纯祖三十一年）⑥、李滉（1501—1570，

① 萧公权：《中国政治思想史》上册，台北：联经出版事业公司，1982，第 62 页。

② 〔韩〕郑介清：《修道以仁说》，收入民族文化推进会编《韩国文集丛刊》第 40 集，《愚得录·释义》卷 2，首尔：民族文化推进会，1989，第 365b—365c 页。

③ 〔韩〕尹舜举：《公最近仁说》，收入《韩国文集丛刊》第 100 集，《童土集·杂著》卷 5，第 54a—55c 页。

④ 〔韩〕柳致明：《读朱张两先生仁说》，收入《韩国文集丛刊》第 297 集，《定斋集·杂著》卷 19，第 404a—405b 页。

⑤ 〔韩〕徐圣耇：《仁说图》，收入《韩国文集丛刊》第 53 集，《讷轩集·杂著·学理图说（下）》卷 5，第 542c—543d 页。

⑥ 〔韩〕野淳：《仁说前图》，收入《韩国文集丛刊》第 102 集，《广濑集·杂著》卷 7，第 571b 页。

燕山君七年—宣祖三年）①等人，均撰文探讨朱子的仁学论述。
德川时代一些日本儒者也以"仁说"为题，写了多篇论文，
伊藤仁斋（维桢，1627—1705）②、丰岛丰洲（1736—1814）③、
赖杏坪（1756—1834）④、浅见絅斋（1652—1711）⑤都撰有以
《仁说》为题的论文。大田锦城（1765—1825）撰有《洙泗仁
说》。⑥朱子的"仁"学论述东传日本之后，引起日本儒者激
烈的批判。我曾研究德川时代日本儒者响应朱子的仁说，主要
表现在以下两条思路。第一是对形而上学的解构：日本儒者言
"仁"，多不取朱子以"理"言"仁"之说，伊藤仁斋中年以
后所撰的论著如《语孟字义》《童子问》就完全摆脱朱子学的
影响，而走先秦孔门以"爱"言"仁"的道路，强调在具体的
"人伦日用"之中实践"仁"的价值理念。⑦荻生徂徕（物茂
卿，1666—1728）则以"安民之德"释"仁"。不论是采取阐

---

① 〔韩〕李滉：《答李叔献》，收入民族文化推进会编《韩国文集丛刊》第29
　集，《退溪集·书》，卷14，第379c—383a页。
② 伊藤仁斎「仁説」氏著『古学先生詩文集』相良亨編『近世儒家文集集
　成』株式会社ぺりかん社、1985、第1冊、卷3、60—61頁。
③ 豊島豊洲「仁説」関儀一郎編『日本儒林叢書』鳳出版、1978、第6冊、
　1—8頁。
④ 頼杏坪「仁説」氏著『原古編』井上哲次郎、蟹江義丸編『日本倫理彙
　編』（八）、育成会、1903、卷3、449—454頁。
⑤ 浅見絅斎「記仁説」氏著『絅斎先生全集』相良亨編『近世儒家文集集
　成』株式会社ぺりかん社、1987、第2冊、卷6、124—125頁。
⑥ 大田錦城『仁説三書三卷』井上哲次郎、蟹江義丸編『日本倫理彙編』
　（九）、育成会、1903、452—472頁。
⑦ （宋）朱熹：《论语集注》，收入《四书章句集注》卷6，中华书局，1983，
　第139页。

朱或反朱之立场，德川日本儒者都致力于解构朱子学的形而上学基础。用传统的语汇来说，他们都在"气"论的基础上反对朱子仁学中的"理"学思想。日本儒者释"仁"的第二条思路是：在社会政治生活中赋"仁"以新解。日本儒者既反对朱子以"理"言"仁"，也反对以"觉"言"仁"，他们主张"仁"只能见之于并落实于"爱"之中。伊藤仁斋说"仁者之心，以爱为体"，在人与人相与互动的脉络中言"仁"。荻生徂徕说"仁，安民之德也"，是在政治脉络中释"仁"。①

在德川日本儒者重新解释的来自中国儒学的"仁"这个概念中，我们看到了"日本主体性"在东亚概念移动中所产生的主导作用，也看到了外来的概念必须经过重新解释，才能适应移入地的文化氛围与社会环境。

总之，虽然我们可以在方法上区分"挪用"与"新诠"，但是在东亚概念移动的实际历史进程中，"挪用"与"新诠"常常是同时进行、同步完成的。

三　东亚思想交流中概念的类别及其移动之效果

以上所说的在概念从原生地移入接受地之后，常出现的"挪用"与"新诠"这两种现象，与概念的类型密切相关。我在此所说的概念的类型，常常也表现为概念的层级性（hierarchy）。

---

① 黄俊杰：《朱子"仁说"及其在德川日本的回响》，收入钟彩钧编《东亚视域中的儒学：传统的诠释》（第四届国际汉学会议论文集），台北："中央研究院"，2013，第409—429页。

　　大致说来，我们可以将在不同地域之间移动的概念，以"普遍性／特殊性"加以区分：概念的"普遍性"愈高者，异域的思想人物之接受度愈高。举例言之，中国古典常见的核心概念如"道""仁"等，具有超时空性之"文化认同"或"价值认同"，常能对异域的文本解读者发出强烈的"召唤"（calling），使他们身心投入、生死以之。相对而言，概念的"普遍性"低而"特殊性"高者，常是特定时空下的思想产物，深深地浸润在原生地之特殊的政治与社会氛围之中，如中国经典中常见的"中国"或"革命"之类的概念，多属"政治认同"之范围。

　　我们来举例阐释以上所说这两种类型（与层级）的概念及其移入异域之效果。首先，在东亚思想交流史上，因"普遍性"最高而成为东亚知识分子核心价值的概念之一，就是"道"这个概念。孔子毕生慕道，志于道、据于德、依于仁、游于艺，欣夕死于朝闻，体神化不测之妙于人伦日用之间。《中庸》第一章写道："道也者，不可须臾离也。可离，非道也。"①孔子以"一以贯之"说明他毕生抱道守贞的坚忍志业。"道"这个概念在中国儒家传统中既具有"内在性"，又有其"超越性"之内涵，所谓"极高明而道中庸"②者是也。日本儒者虽然都同意儒者必须求"道"、行"道"、抱"道"，以守贞，但是，他们对来自中国的"道"这个概念的内涵，也提出了新的诠释。大致说来，日本儒者都强调"道"的"日常性"。

---

　　① （宋）朱熹：《中庸章句》，收入《四书章句集注》第 1 章，第 17 页。
　　② （宋）朱熹：《中庸章句》，收入《四书章句集注》第 27 章，第 35 页。

山鹿素行就说孔子的"道"就是"日用所共由当行"之"人道"。①17世纪古学派大师伊藤仁斋说孔子的"道":"不过彝伦纲常之间,而济人为大。"②仁斋解释孔子所说:"朝闻道,夕死可矣"(《论语·里仁·8》)一语说:"夫道,人之所以为人之道也。"③18世纪古文辞学派大师荻生徂徕说:"盖孔子之道,即先王之道也。先王之道,先王为安民立之……"④又说:"大抵先王之道在外,其礼与义,皆多以施于人者言之。"⑤德川时代日本儒者浸润在"实学"的思想氛围之中,他们虽以"道"作为价值认同之对象,但是,他们在解释"道"时最常用的是"人伦日用"四字,他们所强调的是"道"的日常性。他们在新诠释之中解构了中国儒学中"道"的超越性,并展现了他们的社会文化"主体性"。

在东亚思想交流史中,"普遍性"略低于"道"的则有"仁政"这个政治理念。东亚各国知识分子都同意:统治者的道德责任在于实施"仁政",而"仁政"以统治者之"仁心"

---

① 山鹿素行『聖教要録』井上哲次郎、蟹江義丸編『日本倫理彙編』(四)、育成会、1903、卷中、20頁。

② 伊藤仁斎『論語古義』関儀一郎編『日本名家四書注釋全書·論語部1』卷2、鳳出版、1973、53頁。

③ 伊藤仁斎『論語古義』関儀一郎編『日本名家四書注釋全書·論語部1』卷2、50頁。

④ 荻生徂徠『論語徵』関儀一郎編『日本名家四書注釋全書·論語部5』卷乙、83頁。

⑤ 荻生徂徠『辨名』井上哲次郎、蟹江義丸編『日本倫理彙編』(六)、65頁。

为其基础。我在上节已说明：德川日本古学派儒者大多采取以"爱"言"仁"的进路，他们都拒斥朱子之以"理"言"仁"的中国宋学的旧典范。古代中国的"仁政"概念东传日本以后，日本儒者判断统治者所施行的是否为"仁政"（例如管仲是否可称"仁"者）时，所采取的是一种"功效伦理学"而不是"存心伦理学"的立场。[①]朝鲜时代（1392—1910）不论是儒臣上疏或是君臣在宫廷的对话，以及传统中国儒者对"仁政"的探讨，均重视落实"仁政"之具体的政治或经济措施，而不在于对"仁政"作为统治者的道德责任之理论分析。[②]

　　自从"仁政"这个概念在古代中国由孟子（公元前371—前289）提出之后，在帝制时代的中国、朝鲜时代的朝鲜以及德川时代（1603—1868）的日本之所以被理解为"政术"而不是"政理"，[③]主要原因是"仁政"概念经过了专制王权权力网络的筛选与淘洗。"仁政"这个概念虽然是东亚各国知识分子共同的政治核心价值，但是，因为"仁政"这个概念之政治性

---

① 我采取李明辉的定义："功效伦理学主张：一个行为的道德价值之最后判准在于该行为所产生或可能产生的后果；反之，存心伦理学则坚持：我们判定一个行为之道德意义时所根据的主要判准，并非该行为所产生或可能产生的后果，而是行为主体之存心。"见李明辉《孟子王霸之辨重探》，收入氏著《孟子重探》，台北：联经出版事业公司，2001，第47页。

② 另详黄俊杰《东亚儒家政治思想中的"仁政"论述及其理论问题》，收入拙著《东亚儒家仁学史论》，台北：台大出版中心，2017。

③ 萧公权先生说"中国政治思想属于政术之范围者多，属于政理之范围者少"，其说甚是。见萧公权《中国政治思想史》下册，第946页。

远高于"道"这个概念，所以，异时异地的概念接受者常常必须因应他们所处的时空而有条件地接受并提出新诠。

与"道"或"仁政"这两个概念相比较，"中国"与"革命"这两个概念的"普遍性"更低，不是受到概念移入地之知识分子的拒斥，就是必须加以大幅度的意义重组或创新。在上一节的讨论里，我们已经看到日本儒者挪用"中国"一词以指称日本，以新酒入旧瓶，偷龙转凤，极具创意。

"中国"这个概念在中国古典中将"政治认同"与"文化认同"熔于一炉而共冶之，而且主张"中国"是宇宙之中心，与"边陲"之疆界是一种二元对立之关系，并由二元对立关系而衍生"中心"与"边陲"之"道德二元性"，这种"中国"论述在 11 世纪北宋石介所撰的《中国论》一文中完全定型。

中国的"中国"概念东传日本，受到强烈的挑战。18 世纪的浅见絅斋所撰的《中国辨》一文，就主张所谓"中国"并不是地理上固定不变的概念，依据《春秋》之旨"，[①] 任何一个国家都应以自己作为主体，任何国家都可以说是"中国"。从"中国"概念的移动及其在异域所获得的新解释，我们看到了"中国"概念中的"政治认同"因素被剔除，"名分论"的因素则被强调。经过这种"去脉络化"与"再脉络化"的过程，日本知识分子就可以"挪用""中国"一词，并强有力地宣称日本才有资格称为"中国"。本书第七章对石介《中国论》与絅

---

① 浅见絅斋「中国辨」吉川幸次郎等编『日本思想大系・31・山崎闇斋学派』岩波书店、1980、418 頁上，并参考本书第 7 章。

斋的《中国辨》有深入的探析与比较。

在东亚交流史中，比"中国"这个概念更具有强烈的政治性而在移动过程中激起论辩的是"汤武革命"这个概念。这个概念源于古代中国经典《易经》，革卦《彖》曰："汤武革命，顺乎天而应乎人。"[1]孟子说："贼仁者谓之贼，贼义者谓之残。残贼之人，谓之一夫。闻诛一夫纣矣，未闻弑君也。"（《孟子·梁惠王下·9》）[2]孟子主张贼仁贼义的统治者已失其合法性，称之为"一夫"。荀子（公元前313—前238）也称许汤武革命是"夺然后义，杀然后仁，上下易位然后贞，功参天地，泽被生民"。[3]"汤武革命"这个概念形成于封建邦国林立、互争雄长的古代中国，到了公元前221年大一统帝国出现在中国历史的地平线上之后，这个政治理念与专制政体之间的紧张性就完全爆发。宋代中国批判孟子的知识分子如李觏（泰伯，1009—1059）、郑厚（叔友，1100—1160年）及司马光（君实，1019—1086）等人，莫不聚焦于孟子之肯定汤武革命、不尊周王之言论，视孟子的君臣观如毒蛇猛兽，对孟子展开激烈的攻击。[4]

---

① （魏）王弼撰，（唐）孔颖达疏，李学勤主编《十三经注疏·周易正义》卷5，北京大学出版社，1999，第238页。

② （宋）朱熹：《孟子集注》，收入《四书章句集注》卷2，第221页。

③ （清）王先谦撰，沈啸寰、王星贤点校《荀子集解》卷9，《臣道篇第十三》，中华书局，1988，第257页。

④ 笔者在旧著《孟学思想史论·卷二》（"中央研究院"中国文哲研究所，1997）第4章，第127—190页有所讨论。

　　这个在中国引起极大争议的"汤武革命"概念，东传朝鲜与日本之后，也与不同的权力关系网络互动而获得不同解释。朝鲜国王仁祖（在位于1623—1649）推翻其兄光海君而取得王位，1641年（仁祖十九年，明崇祯十三年）7月10日甲申的《仁祖实录》就记载延阳君李时白上札引用礼官的启辞"光海罪恶，不啻如桀、纣，反正之举，有光于汤武。臣闻诛一夫纣矣，未闻以桀、纣为逊位也"，[①]这位礼官显然为了讨好仁祖而肯定孟子的"汤武革命论"。

　　除上述这个个案之外，朝鲜儒臣对"汤武革命"基本上都持保留态度，主要原因如南孝温（字伯公，号秋江，1454—1492）所说："君臣之分，如天地之不可易。革命之际，非君如桀纣，臣如汤武，则叛命逆命而已。"[②]许多朝鲜儒臣在"君臣之分"的权力结构之下思考"汤武革命"，常常在"常／变"或"经／权"，[③]或在"汤武革命／匹夫革命"的对比架构下，为"汤武革命"提出合理化的新解释，这是因为他们都承认"苟有一日君臣之分者，则君之无道，不能匡救，而又从而为利，则甚不可"。[④]

---

① 国史编纂委员会编《仁祖实录》，《朝鲜王朝实录》第35册，首尔东国文化社，1955—1963，第120—121页。以下所引历朝《实录》均同此版本。

② 〔韩〕南孝温：《命论》，收入《韩国文集丛刊》第16集，《秋江集》卷5，1988，第107a—107d页。

③ 〔韩〕金诚一：《疏：请鲁陵复位·六臣复爵·宗亲叙用疏·辛未》，收入《韩国文集丛刊》第48集，《鹤峰集》卷2，1989，第186c—194a页。

④ 〔韩〕权得己：《汤武革命论》，收入《韩国文集丛刊》第76集，《晚悔集》卷2，1991，第015b—016c页。

"汤武革命"这个政治理念在德川时代遭到极大的批判，伊东蓝田（1733—1809）与佐久间太华（？—1783）都对"汤武革命"痛加挞伐。正如张崑将所说，[①]这是由于"汤武革命"理念与日本之"天子一姓，传之无穷，莫有革命"[②]之政治观如方凿圆枘，完全冲突，所以日本儒者对"汤武革命"攻排不遗余力。

综合本节所论，我们可以说：在东亚思想交流活动中，政治性较强的概念通常也是特殊性较强的概念，所以域外人士较难以完全接受或必须大幅注入新的含义，以适应本地的社会政治氛围。以本节所探讨的四个概念而言，"道"的普遍性最高，最不受时空因素之制约。"道"源自古代中国，但几乎已经成为东亚世界的共同价值。"仁政"作为一个政治理念，对统治者课以道德责任，亦广为东亚各国人士普遍接受，但是"仁政"的具体内涵及其落实措施，则因应各国之特殊社会政治背景而因时因地制宜。"中国"与"革命"这两个政治性最强的概念，东传日韩之后就引起强度不同的反应或拒斥。

论述至此，如果我们上述说法可以成立，那么，我们必须接着讨论一个问题："自由""民主""人权""法治""自由贸易"等起源于近代西欧特殊时空条件下的价值理念，何以能够

---

① 参看张崑将《近世东亚儒者对忠孝伦常冲突之注释比较》，收入潘朝阳主编《跨文化视域下的儒家伦常》上册，台北：师大出版中心，2012，第177—213页。
② 伊東藍田「藍田先生湯武論」関儀一郎編『日本儒林叢書』第4册、2頁。

成为 20 世纪以降世界的共同价值（universal value）？

　　这个问题可以从两个角度思考。首先，"自由""民主"等概念各有其"内在价值"（intrinsic value），是人类共同接受的价值观，是东西海人人心同理同者。但是，近代以前源起于中国文化的"道""仁""仁政"等概念，也是普遍性极高的价值理念，何以不能成为全球的共同价值？这项质疑，就引导我们进入思考这个问题的第二个角度——思想交流的外部因素。19 世纪中叶以降，西方列强挟其强大武力与资本主义体系，侵略亚、非、拉等地弱国、穷国与小国，将其源起于西欧特殊条件下的政治、经济、生活方式及其价值理念，在非西方世界推广而成为共同价值。相对而言，近代以前的中国并未诉诸武力的征服，也缺乏以现代工业生产为基础的资本主义体系，所以，历史上中国对周边国家的支配，文化的因素远大于政治经济的因素。① 东亚周边国家在思想交流过程中，可以因应各国的政治社会条件而对来自中国的诸多概念进行选择、鉴别、重

---

① 最近 Ian Morris 检讨西方国家在历史上主宰世界的原因，指出西方的霸权主要是靠四个因素：第一个是开发能源的能力；第二个是都市化的能力；第三是处理信息的能力；第四个是发动战争的能力。参看 Ian Morris, *Why the West Rules — For Now* (New York: Farrar, Straus and Giroux, 2011)；中译本：潘勋等译《西方凭什么》，台北：雅言文化，2015。Niall Ferguson 也指出，西方成为全球霸权的主要原因，在于它具备六个由制度、相关观念及行为具体构成的新复合物：竞争、科学、财产权、医学、消费社会、工作伦理。参看尼尔·弗格森《文明：决定人类走向的六大杀手级 Apps》，黄煜文译，台北：联经出版事业公司，2012，第 38—39 页。Morris 与 Ferguson 所说的支撑西方霸权的这些因素，都是近代以前的中国尚不具备或较不发达的因素。

组，并赋予新的含义。

四　结论

从本章所检讨近代以前东亚思想交流中概念的类型及其移动效果，我们可以获得以下几点结论。

第一，概念一旦形成或被提出之后，就取得了自主性的生命，而不再是概念的起源地或原创者所能完全掌控的。具有自主性的概念必然具有移动的能力，而在思想交流活动中，随"时"更化、与"时"俱进、因"地"制宜，旧概念传入异域后，因与传入地的文化因素互动而不断更新其内容，获得崭新的诠释，发展出新的生命。

第二，从东亚思想交流经验观之，概念的移动必经移入地的"中介人物"（intermediate agents），如儒家知识分子、官员（如燕行使）或佛教僧侣等各种与文化交流有关的人物之主体性的照映、筛选、重组、新诠，才能完成其新生命的转化。如果我们将思想交流中的概念譬喻为光的话，那么，这些异域"中介人物"就可以被譬喻为棱镜（prism），对于外来的概念进行折射、屈光或反射。如果我们将概念譬喻为波，那么，概念之波在抵达传入地的海岸线时，必经"中介人物"的淘洗，并注入本地的源头活水，才能汇成新流。

第三，从东亚概念移动史的经验来看，概念移动史的研究不能以概念起源地之原始形态作为最高而唯一的"标准"模型，更不能取起源地的概念模型以检核移入地新发展的概念距离起源地的"标准"多远。相反地，我们应将概念在各地的发展，置于各地的特殊条件或语境中加以理解，而视为各地文化主体性成长的过程。总而言之，在东亚思想交流活动中，概念随时随地而移动，并更新其内容，并无一成不变的标准形态，因此，思想交流史中的"中心"与"边陲"的界限也因时因地而更迭。

（本章最初发表于 2014 年 11 月 7 日至 8 日台大人文社会高等研究院与日本名古屋大学高等研究院合办的"东亚思想交流史"国际学术研讨会，收入本书时已加修订）

第二章
从东亚视域论中国历史思维的
几个关键词

一 引言：东亚历史思维与史论传统

中国史学传统源远流长，与欧洲史学双峰并峙，东西辉映，其中最能彰显东亚文化与东亚思维特质者，莫过于历史悠久之史论传统。从公元前 841 年起，中国有文字记载的历史记录，绵延数千年而从未断裂。中国传统史家述"事"以求"理"，沿波以讨源，诚如章学诚（实斋，1738—1801）所说，"述事而理以照焉，言理而事以范焉"，[①] 中国历史叙述力求"理""事"圆融，在"价值"脉络中深思并提炼史实中潜藏之意义（meaning in history）或史实所彰显之意义（meaning of history）。饶宗颐（1917—2018）先生曰："史家之尚论史事，贵能据德以衡史，绝不可循史以迁德。"[②] 数千年来中国史家秉持良知，析论古事，在"世运兴衰"脉络中评断"人物贤奸"，[③] 诛奸谀于既死，发潜德之幽光，以史家之如椽巨笔纾解

---

① （清）章学诚：《原道下》，收入章学诚著，叶瑛校注《文史通义校注》卷 2，中华书局，1994，第 139 页。

② 饶宗颐：《中国史学上之正统论》，香港：龙门书店，1976，第 57 页。

③ 钱穆：《史学导言》，收入《钱宾四先生全集》第 32 册，台北：联经出版事业公司，1998，第 68 页。

人间之苦难，抚慰历史中受难者的灵魂，并使读史者顽廉懦立，兴起心志，自作主宰。

中国史学家为"现在"与"未来"而"过去"，在林林总总的历史事实之"殊相"中，建立价值规范（norm）或历史原理（principle）之"共相"，并将"价值判断"（value judgment）与"事实判断"（factual judgment）熔于一炉而冶之者，厥为史论文字之撰写。[①] 中国史学著作中之史论，自春秋时代（公元前 722—前 481）就蔚为中国史学之主流，《左传》在对各项重要史实之叙述后，以"君子曰"文字评断历史人物之是非对错以及历史事件之因革损益；太史公司马迁（子长，公元前 135 或 145 年—？）以"一家之言"通"古今之变"，各篇史实叙述殿以"太史公曰"史论文字，使史料走向史学，并使"过去"与"现在"融贯为一体。[②] 班固（孟坚，32—92）在《汉书》各篇叙述文字之后的"赞"、陈寿《三国志》之"评"、北宋司马光（君实，1019—1086）《资治通鉴》之"臣光曰"，均衡论史事，批判历史当事者之心术。逮乎 20 世纪伟大历史学家陈寅恪（1890—1969）先生在《唐代政治史述论稿》[③]中"寅恪案"之文字，亦延续了中国史学之史论传统。

---

① 黄俊杰:《中国历史写作中史论的作用及其理论问题》，收入拙著《儒家思想与中国历史思维》，第 55—86 页。

② 徐复观:《两汉思想史》卷3，台北：台湾学生书局，1979，第 321—337 页。

③ 陈寅恪:《唐代政治史述论稿》，商务印书馆，1947。

中国史学写作中的史论传统，也成为东亚地区诸多史著的典范。举例言之，高丽仁宗二十三年（1145）高丽朝的检校大师、集贤殿大学士、监修国史上柱国金富轼（1075—1151）撰写《三国史记》，以纪传体叙述新罗、高句丽、百济等朝鲜半岛三国之史事，这是朝鲜半岛第一部历史著作。[①]《三国史记》分"本纪""年表""志""列传"等文体，在"本纪"与"列传"之后，常附有"论曰"之文字，评论史事，论断古人，体现金富轼以新罗为正统之史观，也显示他的事大观、神话观与渤海观。[②] 再如日本占领时期（1895—1945）台湾的史家连横（雅堂，1878—1936）在 1918 年完成《台湾通史》[③] 各卷之起始或结束时，常以"连横曰"文字，申论"民族"与"种姓"概念。[④]《三国史记》中的"论曰"与《台湾通史》中的"连横曰"，均可视为中国史学的史论传统的延续。

但是，在《三国史记》与《台湾通史》中的史论，评骘史实与月旦人物时，所运用的诸多价值理念多半是潜藏而不是外显的。就史论文字中所见的价值理念而言，仍以中国史学作品中最为明显而多元，所以，本章将以中国历史思维中的史论文字常见的关键词（字）为中心，探讨中国历史思维的核心价

---

① 金富轼：『三国史記』、学習院大学東洋文化研究所、1964。
② 参见苗威《关于金富轼历史观的探讨》，《社会科学战线》2012 年第 3 期。
③ 连横：《台湾通史》，华东师范大学出版社，2006。
④ 参考陈昭瑛《连横的〈台湾通史〉与清代公羊思想》及《连横〈台湾通史〉中的"民族"概念：旧学与新义》，收入氏著《台湾与传统文化》，台北：台大出版中心，2005，第 104—124、125—144 页。

值。本章将以（1）历史研究的目的、（2）历史发展的动力、
（3）历史运行的法则、（4）历史上的"黄金古代"等四个范
畴，将传统中国历史思维的关键词（字）加以归类、分析，并
讨论其含义。

二　历史研究的目的："通"与"经世"

就历史研究的终极目的观之，中国史学家衡论史事最常
运用的关键词有二：一是"通"，二是"经世"。我们依序讨论
这两个关键词。

（一）"通"。从司马迁以降，"通"就是两千年来中国传
统史学最重要的关键词。太史公在《报任安书》中自述他撰写
《史记》的目的：

> 仆窃不逊，近自托于无能之辞，网罗天下放失旧闻，
> 考之行事，稽其成败兴坏之理。凡百三十篇，亦欲以究
> 天人之际，通古今之变，成一家之言。①

司马迁的"通"史理念，一直为历代史家所承续，唐代杜佑
（735—812）的《通典》②、南宋郑樵（1104—1162）的《通

①　（汉）司马迁：《报任安书》，（汉）班固撰，（唐）颜师古注《汉书》卷
62，中华书局，1997，第2735页。
②　（唐）杜佑撰，王文锦等点校《通典》，中华书局，1988。

志》①以及马端临（1254—1323）的《文献通考》②，以"通"
之理念贯通中国制度史的因革损益。③从唐代刘知幾（子玄，
661—721）的《史通》、北宋司马光的《资治通鉴》，到18世
纪章学诚的《文史通义》，都坚持"通"之著史理念。所以，
班固断代为史，在传统中国史家中始终未能获得最高地位，马
端临甚至有"迁之于固，如龙之于猪"之说。④章学诚以《春
秋》为中国史学之大原，其目的在"通古今之变，而成一家之
言"。⑤我们可以说，"通"乃是传统中国史学第一义，是中国
史学思维最重要的关键词。

（二）"经世"。中国史学研究的另一目的在"经世"。⑥中
国史学家辛勤搜集史料，勒为史著，不仅有心于解释世界，更
有心于改变世界，而改变世界之途径就是通过史著之撰写而
"善善、恶恶、贤贤、贱不肖"，以历史写作与解释达到淑世、
经世之目的。

---

①　（宋）郑樵：《通志》，中华书局，1987。

②　（元）马端临：《文献通考》，中华书局，1986。

③　参考 Hok-lam Chan, "'Comprehensiveness' (Tung) and 'Change' (Pien) in Ma Tuan-lin's Historical Thought," in Hok-lam Chan and Wm. Theodore de Bary eds., *Yüan Thought: Chinese Thought and Religion Under the Mongols*, New York: Columbia University Press, 1982, pp. 27-88。

④　（元）马端临：《经籍考》，收入《文献通考》下册，卷191，第1622页。

⑤　（清）章学诚：《答客问上》，收入《文史通义校注》卷5，第470页。

⑥　"经世"是中国思想的核心价值之一，关于"经世"思想的讨论，参考 Robert Hymes and Conrad Schirokauer eds., *Ordering the World: Approaches to State and Society in Sung Dynasty China*, Berkeley, Calif.: University of California Press, 1993。

司马光以编年体编纂《资治通鉴》，叙述 1362 年之史事，他虽然未使用"经世"一词，但特重史学之教化、劝诫作用，则显而易见。司马光自述《资治通鉴》之写作目的云：

> 臣今所述，止欲叙国家之兴衰，著生民之休戚，使观者自择其善恶得失，以为劝戒，非若《春秋》立褒贬之法，拨乱世反诸正也。①

司马光又在上神宗皇帝的《进书表》中说："（《资治通鉴》）专取关国家盛衰，系生民休戚，善可为法，恶可为戒，为编年一书。"②18 世纪的章学诚说"史学所以经世，固非空言著述也"③一语，可视为传统中国历史写作之根本精神，亦为中国历史研究目的之第二个关键词。

三　历史发展的动力："势""理""礼"

中国历史思维中关于历史发展的动力之关键词，主要集中于三个概念：（一）"势"、（二）"理"、（三）"礼"。我们依序探讨这三个关键词。

（一）"势"。中国史学家思考推动历史的力量（所谓

---

① （宋）司马光撰，（元）胡三省注，章钰校记《新校资治通鉴注》卷 69《魏纪一·文帝黄初二年》，台北：世界书局，1976，第 2187 页。

② （宋）司马光撰，（元）胡三省注，章钰校记《新校资治通鉴注》卷 69，第 9607 页。

③ （清）章学诚：《浙东学术》，收入《文史通义校注》卷 5，第 524 页。

driving force of history），最重要的第一个关键词就是"势"。在中国古代思想史中，"势"这个概念可分为"时势"与"形势"，前者指时间，后者指空间而言。

司马迁在《史记》中较常使用的是"形势"一词。如《史记》卷 17《汉兴以来诸侯王年表》："侯伯疆国兴焉，天子微，弗能正。非德不纯，形势弱也。"[①]《史记》卷 65《孙子吴起列传》："吴起说武侯以形势不如德，然行之于楚，以刻暴少恩忘其躯。"[②] 司马迁所谓作为历史驱动因素的"形势"，是指历史中的个人以外的结构性因素，如经济状况或地理条件等，近似当代英国史学大家伯克（Peter Burke，1937– ）所说西方历史思维中较为重视的"集体性因素"（collective agency）。[③]

除"形势"一词之外，中国史书也常用"时势"一词。中国文化时间意识极为深厚，《易经》作者体察"时间"流变之可敬可畏，早已发出"时义大矣哉"[④] 的浩叹。孔子回顾往史，特重历史之因、革、损、益，《春秋》记鲁国史事之原则

---

① （汉）司马迁撰，（刘宋）裴骃集解，（唐）司马贞索隐《史记》卷 17 "汉兴以来诸侯王年表第五"，中华书局，1997，第 801 页。

② （汉）司马迁撰，（刘宋）裴骃集解，（唐）司马贞索隐《史记》卷 17 "汉兴以来诸侯王年表第五"，第 2169 页。

③ Peter Burke, "Western Historical Thinking in a Global Perspective: 10 Theses," in Jörn Rüsen ed., *Western Historical Thinking: An Intercultural Debate*, New York, Oxford: Berghahn Books, 2002, pp. 15-30.

④ 参见（魏）王弼撰，（唐）孔颖达疏，李学勤主编《十三经注疏·周易正义》，北京大学出版社，1999，第 99、171、216、268 页。

系"以事系日，以日系月，以月系时，以时系年"①，时间意识极为明确。《穀梁传》中以"道之贵者时，其行势也"言之。②东汉儒者荀悦（148—209）认为国家治理之事的"立策决胜之术，其要有三：一曰形，二曰势，三曰情。……势者，言其临时之宜也，进退之机也"，③又说：

> 大赦者，权时之宜，非常典也。汉兴，承秦兵革之后，太愚之世，比屋可刑，故设三章之法，大赦之，令荡涤秽流，与民更始，时势然也。后世承业，袭而不革，失时宜矣。④

荀悦以"时势"之变迁，解释历史的因、革、损、益。毕沅（1730—1797）在《续资治通鉴》中也以"时势"解释历史之流变与世运之兴衰。⑤"时势"除与历史潮流之变迁密切相关，

① （晋）杜预：《春秋左氏传序》，收入（周）左丘明传，（晋）杜预注，（唐）孔颖达正义，李学勤主编《十三经注疏·春秋左传正义》卷1，北京大学出版社，1999，第3页。
② （晋）范宁集解，（唐）杨士勋疏，李学勤主编《十三经注疏·春秋穀梁传注疏》卷9《僖公二十二年》，北京大学出版社，1999，第142页。
③ （东汉）荀悦：《汉纪》，收入张烈点校《两汉纪》（上），卷2"高祖三年"，中华书局，2002，第26页。
④ （东汉）荀悦：《汉纪》，收入张烈点校《两汉纪》（上），卷22"孝元帝永光二年"，第388—389页。
⑤ （清）毕沅编著，标点续资治通鉴小组校点《续资治通鉴》卷18《宋纪·宋太宗至道元年》、卷211《元纪·顺帝至正十三年》，中华书局，1957，第427、5762页。并参考黄俊杰《儒家思想与中国历史思维》，第31—54页。

古代中国人也强调统治者之变法，必须与"时势"相配合。《吕氏春秋》说：

> 凡先王之法，有要于时也……故凡举事必循法以动，变法者因时而化……因时变法者，贤主也。是故有天下七十一圣，其法皆不同，非务相反也，时势异也。[①]

《吕览》所强调的是：君主治理国家与"时势"之间有其密切之关系。

但是，中国思想家与史学家论历史之"形势"与"时势"，除了重视客观的"集体性因素"之外，更重视在历史趋势中人的主动性。朱子论古今之变，虽然视为"非人力之可为者"，[②] 但是，朱子特别强调"唯圣人为能察其理之所在而因革之"，[③] 朱子绝不将"人"视为被不可遏止的历史潮流所宰制的"客体"。晚于朱子 20 年的叶适（水心，1150—1223）检讨历史中的统治者，也说：

> 古之人君，若尧，舜，禹，汤，文，武，汉之高祖、光武，唐之太宗，此其人皆能以一身为天下之势，

---

① （战国）吕不韦著，陈奇猷校注《吕氏春秋》卷 15《八览·慎大览·察今》，上海古籍出版社，2002，第 934—936 页，引文见第 935—936 页。

② （宋）朱熹：《古史余论》，收入陈俊民编校《朱子文集》第 7 册，台北：德富文教基金会，2000，第 3639 页。

③ （宋）朱熹：《古史余论》，收入陈俊民编校《朱子文集》第 7 册，第 3639 页。

虽其功德有厚薄，治效有浅深，而要以为天下之势在己
不在物。[1]

叶适与其他中国思想家一样，都突出"人"对历史中的"势"
的驾驭能力。[2]

（二）"理"。中国历史思维中最常被用来论述历史发展
之动力的第二个概念就是"理"。"理"之成为中国历史思维
的关键词，是在 11 世纪理学大兴，并深刻渗透中国历史思维
之后所出现的现象。北宋程颐（伊川，1033—1107）[3]与张载
（横渠，1020—1077）[4]都以"天理"这个概念，解释尧舜之
事迹。

朱子对历史的解释，更是完全以"理"（或"道"）作为
历史发展之动力。朱子指出三代"天理"流行而秦汉以降则
"人欲"横流，他以"理"贯通他所持的"崇古的历史观"。朱
子的历史解释中的"理"既是自然的规律，又是人事之规范，

---

[1]　（宋）叶适：《治势》，收入《水心先生文集》卷 4，台北：台湾商务印书馆，
1965，影印版，第 53 页。

[2]　Chun-chieh Huang, "Some Notes on Chinese Historical Thinking," in Huang
Chun-chieh and Jörn Rüsen eds., *Chinese Historical Thinking: An Intercultural
Discussion*, Göttingen and Taipei: V&R Unipress and National Taiwan
University Press, 2015, pp. 195-202.

[3]　（宋）程颐、程颢：《河南程氏遗书》，收入王孝鱼点校《二程集》卷 6，
中华书局，1981，第 3—7 页。

[4]　（宋）张载：《经学理窟》，收入章锡琛点校《张载集》，中华书局，1978，
第 256 页。

是历史的"实然"，也是历史的"应然"。① 朱子有时将这种作为历史发展动力的"理"，称为"自然之理势"。②

（三）"礼"：以"礼"作为历史发展之动力的中国史学家，当以司马光为代表。司马光所编撰的《资治通鉴》叙述从公元前 403 年至公元 959 年之间共 1362 年中国历史的发展，他最重视且视之为历史之驱动力的因素就是"礼"。礼的起源与远古社会的祭祀仪式有关，后来延伸而成为规范人际关系的准则。春秋时代的人已将"礼"视为"身之干"③，或"国之干"④，所谓"礼，经国家，定社稷，序民人，利后嗣者也"，⑤是春秋时代的人的共识。司马光的《资治通鉴》所叙述的第一件史实是公元前 403 年的"三家分晋"，司马光在这件史实叙述之后，写下"臣光曰"评论，强调"天子之职莫大于礼，礼莫大于分，分莫大于名"⑥ 这一套著名的"名分论"。在司马光的历史解释中，"礼"可说是最重要的关键词，主导着历史在

---

① 　另详拙作《儒家历史解释的理论基础：朱子对中国历史的解释》，收入拙著《儒家思想与中国历史思维》，第 184 页。

② 　（宋）黎靖德编《朱子语类》，收入朱熹《朱子全书》第 18 册，卷 139《义刚录》，上海古籍出版社、安徽教育出版社，2002，第 4296 页。

③ 　（周）左丘明撰，（晋）杜预注，（唐）孔颖达正义，李学勤主编《十三经注疏·春秋左传正义》卷 27《成公经十三年》，第 753 页。

④ 　（周）左丘明撰，（晋）杜预注，（唐）孔颖达正义，李学勤主编《十三经注疏·春秋左传正义》卷 13《僖公传十一年》，第 365 页。

⑤ 　（周）左丘明撰，（晋）杜预注，（唐）孔颖达正义，李学勤主编《十三经注疏·春秋左传正义》卷 14《隐公传十一年》，第 126 页。

⑥ 　（宋）司马光撰，（元）胡三省注，章钰校记《新校资治通鉴注》卷 1《周纪一·威烈王二十三年》，第 2—3 页。

正轨上的演进。

四　历史运行的法则:"道"与"心"

中国历史思维中,关于历史运行之法则的关键词以"道"及"心"这两个概念最为重要。

(一)"道"。春秋以降,"道"是否行于天下,是圣贤决定自己的出处行藏的判准。孔子说:"道不行,乘桴浮于海"(《论语·公冶长·6》),[1]君子之出处进退应以"天下有道则见,无道则隐"(《论语·泰伯·13》)[2]为原则。孔子认为如果历史中有"道",则"礼乐征伐自天子出"(《论语·季氏·2》),如果无"道",则"礼乐征伐自诸侯出"(《论语·季氏·2》)。[3]章学诚说:"史之大原,本乎《春秋》,《春秋》之义,昭乎笔削。笔削之义……固将纲纪天人,推明大道",[4]历史写作乃是为了印证历史中的"道"的有效性。太史公司马迁写《伯夷列传》,寄寓他对伯夷、叔齐遭遇的无限哀婉之情,并质疑历史中是否有"天道"。[5]

到了朱子的历史解释中,"道"更成为历史运行的法则。

---

[1]　(宋)朱熹:《论语集注》卷3《公冶长》,收入《四书章句集注》,第76页;三浦國雄「氣數と氣勢:朱熹の歷史意識」『東洋史研究』第42卷第4號。

[2]　(宋)朱熹:《论语集注》卷4,收入《四书章句集注》,第106页。

[3]　(宋)朱熹:《论语集注》卷4,收入《四书章句集注》,第171页。

[4]　(清)章学诚:《答客问上》,收入《文史通义校注》卷5,第470页。

[5]　(汉)司马迁:《史记》卷61《伯夷列传》,第2124—2125页。

朱子《答陈同甫八》所言历史中"人只是这个人，道只是这个道，岂有三代、汉、唐之别?"①朱子认为作为历史运行之法则的"道"，"亘古亘今只是一体，顺之者成，逆之者败"。②朱子更说如果统治者"无道极了"，历史就会"混沌一番，人物都尽，又重新起"。③朱子对中国历史的解释呈现一种"崇古的历史观"，认为"尧、舜、三王、周公、孔子所传之道，未尝一日得行于天地之间也"。④

（二）"心"。中国历史思维中的历史运行之法则，在于统治者的"心"之纯正。中国史学家浸润在儒家思想传统之中，深信历史能否运行于正轨，端视统治者之存"心"。孟子就以"格君心之非"（《孟子·离娄上·20》）⑤为要务。

朱子主张历史兴衰之关键在于统治者心术之正邪，他说："天下之事，其本在于一人，而一人之身其主在于一心，故人主之心一正，则天下之事无有不正。"⑥明末清初的王夫之（船山，1619—1692）纵观历史之兴衰，指出历史运行之法则在于"治之所资者，一心而已矣。以心驭政，则凡政皆可以宜民，莫匪治之资。……故治之所资，惟在一心，而史特其鉴

---

① （宋）朱熹:《答陈同甫八》，收入《朱子文集》第4册，第1464页。
② （宋）朱熹:《答陈同甫八》，收入《朱子文集》第4册，第1466页。
③ （宋）黎靖德编《朱子语类》，收入《朱子全书》第14册，第121页。
④ （宋）朱熹:《答陈同甫六》，收入《朱子文集》第4册，第1458页。
⑤ （宋）朱熹:《孟子集注》卷7，收入《四书章句集注》，第285页。
⑥ （宋）朱熹:《己酉拟上封事》，收入《朱子文集》第2册，第394页。

也"。[①] 在中国历史思维中，"历史"成为人"心"（尤其是统治者之"心"）的邪正之具体化及其展现之过程。

五　历史上的"黄金古代"："三代"

中国传统历史思维有一种回归"黄金古代"的憧憬，这就表现在"三代"这个关键词一再地出现在传统中国历史论述之中。孔子"祖述尧舜，宪章文武"，[②] 以夏、商、周"三代"为中国之黄金时代。孔子常将"三代"加以美化，取之而与春秋时代互做对比。孟子回顾历史，更归纳出一条历史的定律，他说："三代之得天下也以仁，其失天下也以不仁。……国之所以废兴存亡者亦然。"[③] 孔孟历史思维中的"三代"论述，常与"道"之存灭合而观之。[④]

作为中国历史思维中的"黄金古代"的"三代"，在儒家以及中国史学家的历史论述中，常常作为现实世界的对照系与反命题，因而具有"反事实性"（counter factuality）之特征。我已在新刊拙著中详加析论，[⑤] 此处就不再赘述了。

---

① （清）王夫之：《读通鉴论》，收入氏著《船山全书》第10册，岳麓书社，1988，第1181—1182页。

② （宋）朱熹：《中庸章句》，收入《四书章句集注》，第37页。

③ （宋）朱熹：《孟子集注》卷7，收入《四书章句集注》，第277页。

④ 我曾讨论古代儒家的"三代"论述，参看 Chun-chieh Huang, "Historical Thinking in Classical Confucianism: Historical Argumentation from the Three Dynasties," in Chun-chieh Huang and Erik Zürcher eds., *Time and Space in Chinese Culture*, Leiden: E. J. Brill, 1995, pp. 72-88。

⑤ 参看黄俊杰《儒家思想与中国历史思维》，第115—120页。

六　结论

本章检讨并归纳中国历史叙述与历史解释中常见的几个关键词。首先，根据本章的讨论，中国史学家论述历史研究之目的，最常见的关键词就是"通"与"经世"。自司马迁之后，"通古今之变"一直被中国历史家悬为治史之鹄的，所以，《通志》《通典》《文献通考》在制度史写作上落实"通"之理念，而《资治通鉴》则是以编年体叙述史实，以资统治者之镜鉴。中国史学之所以特重"通古今之变"，乃以"经世"为治史之目的。中国史学家不仅用心于解释世界，更致力于改变世界。

其次，关于历史发展之动力，中国史学家聚焦在"势""理""礼"等三个关键词。但是，中国史学家固然重视"势"或"理"等集体性之元素或结构性之力量，但是他们并不认为此种历史中的"势"或"理"，是机械决定论（mechanical determinism）意义下之必然规律；他们同时强调个人在历史发展过程中之主动性，主张"人"在历史之流中是具有"自由意志"（free will）的行动者，应兴起心志，因"势"而引导，引领历史中"善"的动向。

复次，中国历史思维中关于历史运行之法则，最常被使用的关键词就是"道"与"心"。中国史学家深受儒学价值之浸润，深信历史中"道"之有无即为治乱之指标，而其关键尤在于历史的核心人物统治者的存"心"。凡此皆显示：中国历史思维中充满乐观主义与以"人"为本的人文精神。

最后，"三代"在中国历史思维中成为中国史学家心向往之的"黄金古代"。中国史学家常常取理想化了的"三代"，以批导现实政治，有心于将现实世界的"实然"转化为道德的"应然"。中国史学传统中的人文精神，在此种转化世界的信念中，彰显无遗。

从本章所探讨的中国历史思维中的关键词，我们可以看到中国史学家撰写史著之目的、历史之驱动力、历史运行之法则，或他们对"黄金古代"的向往，都可以显示他们非常重视历史之流变中"人"的主动性角色。他们相信"人"不是被客观结构所宰制的客体，"人"可以挺立心志而成为历史中旋乾转坤的中流砥柱。所以，在中国史学家眼中，读史的目的不在于积累诸多历史事实或知识以致玩物丧志，而在于经由读史而受到古圣先贤伟大人格的感召，起而致力于淑世、经世、救世之事业。

（本章曾发表于 2015 年 11 月 12 日至 13 日台大人文社会高等研究院主办"International Conference on Basic Terms of Reflecting History"国际学术研讨会，收入本书时已加修订）

第三章

中韩历史中儒家知识与政治权力之关系

一　引言

在 19 世纪末期西方列强到来之前，东亚世界的历史（尤其是中国与朝鲜的历史）基本上是稳定的结构，极少出现翻天覆地的巨变。在中华文明里，类似犹太基督宗教文明中的"创世神话"并未居于主流之地位，[①] 所以，在中华文明中缺少"圣"与"凡"两个世界的紧张性。诚如李泽厚（1930—2021）所说，中国文化是"一个世界"的文化。[②] 历史上的中国由经济网络、政治精英与文字系统等三个因素，建构共同的归属感。[③] 近代以前中国历史较少见里程碑式的革命，呈现圆

---

① 参考 Frederick W. Mote, "The Cosmological Gulf between China and the West," in David C. Buxbaum and Frederick W. Mote eds., *Transition and Permanence: Chinese History and Culture: A Festschrift in Honor of Dr. Hsiao Kung-ch'üan*, Hong Kong: Cathay Press Limited., 1972, pp.3-22; Frederick W. Mote, *Intellectual Foundations of China*, Cambridge, Mass: The Colonial Press, Inc., 1971, Chap. 2, pp. 13-28.

② 李泽厚：《中国古代思想史论》，生活·读书·新知三联书店，2008。

③ 许倬云：《华夏论述：一个复杂共同体的变化》，台北：远见天下文化出版股份有限公司，2015，自序，第 9 页。

融和谐的历史性格。①中国历史上之变迁多为适应性或边际性变迁，少见全盘性的变迁。②以上所说近代以前中国历史的特质，也见于深受中国文化影响的朝鲜时代朝鲜历史之中。

近代以前的中国与朝鲜历史所见的"超稳定结构"之形成，与儒家思想有深刻之关系。儒家经典中的知识系统与以皇权为中心的政治权力系统互相渗透，关系密切。在近代以前中韩两国的历史上，"儒家知识"与"政治权力"既有其不可分割性，又有紧张性，③两者的互动极具东亚文化的特色。

本章以中国史及朝鲜史所见的儒家经典（尤其是《论语》与《孟子》）以及中、韩君臣之解释为中心，论证"知识"与"权力"之不可分割性与互为紧张性。

二　儒家知识与政治权力的不可分割性

在中国历史与朝鲜历史上，儒家知识与政治权力之间有其不可分割性。所谓"不可分割性"，特指以下两项含义：（1）两者具有互相依赖之关系：儒家知识系统依赖帝国权力的羽

---

① 参考 James T. C. Liu（刘子健），"Integrative Factors through Chinese History: Their Interaction," in James T. C. Liu and Wei-ming Tu eds., *Traditional China*, Englewood Cliffs: Prentice-Hall, Inc., 1970, pp. 10-23。

② 参考 Shmuel N. Eisenstadt, *The Political Systems of the Empires: The Rise and Fall of the Historical Bureaucratic Societies*, New York: The Free Press, 1963, 1969, pp. 221-256。

③ 关于这个问题的初步探讨，参考 Frederick P. Brandauer and Chun-chieh Huang eds., *Imperial Rulership and Cultural Change in Traditional China*, Seattle: University of Washington Press, 1994。

翼、支持才能繁衍壮大，而帝国的稳定则依赖儒家意识形态的背书、支撑。（2）两者之间具有互相渗透之关系：儒家知识系统渗透到帝国政治运作之中，而成为帝国意识形态的基础，而帝国的权力系统也渗透甚至改变儒家知识的内涵。

（一）互相依赖性

我们先看中国史的经验。汉帝国的创建者汉高祖刘邦（在位于公元前202—前195年）即位之后，就面临帝国如何长治久安这个问题。刘邦在争夺政权的时候，对这个问题尚无所觉，所以曾以"乃公居马上而得之，安事《诗》《书》？"[①]斥责陆贾（公元前240—前170年）。但刘邦即位不久，就感受到政治权力必须有意识形态的支持，因而转变对儒学的态度。汉武帝（在位于公元前141—前87年）就是在这个尊崇儒学的既有基础上，更进一步罢黜百家、独尊儒术。[②]儒学独尊在中国历史上所带来的立即效应，就是拉近了学术与政治之间的距离，儒学的经典如《尚书》《春秋》等，都在政治上产生

---

① 参见（汉）司马迁撰，（刘宋）裴骃集解，（唐）司马贞索隐《史记》卷99《郦生陆贾列传》，第2699页。

② 在董仲舒对策以前，武帝已开始重视儒术。即就儒术之独专一事言，田蚡亦影响甚大。参考戴君仁《汉武帝抑黜百家非发自董仲舒考》，《孔孟学报》第16期，1968年9月。关于汉武帝之独尊儒学，参考福井重雅「儒教成立史の二、三の問題──五經博士の設置と董仲舒の事蹟に關する疑義」『史学雜誌』第76卷第1號，1967、5月；佐川修「武帝の五經博士と董仲舒の天人三策について──福井重雅氏『儒教成立史の二三の問題』に對する疑義」『集刊東洋学』第17集、1969年5月、59─69頁。

重大的影响力。①《孝经》从汉初开始就对统治阶层深具影响，
惠帝（在位于公元前195—前188年）以后汉朝的皇帝均以
"孝"为谥号。②儒家的核心价值"孝"，成为大汉帝国皇帝的
标签。在大汉帝国政权的羽翼之下，儒学也骎骎然成为学术之
大宗。从汉武帝以后，中国历代统治者都以儒家文化的守护者
自居，使儒学获得了繁衍壮大的机会。但是，成为中国的主流
学术思想的儒学，通过科举制度而为帝国提供了源源不绝的儒
臣官僚，也为帝国巩固了意识形态的基础。

　　再看朝鲜半岛的状况。从14世纪开始，朝鲜社会、政治
与思想都深深地浸润在儒家价值之中，也受到儒学的转化。高
丽时代，朝鲜人在元朝首都中举人数大幅增加，反映出朝鲜儒
学已相当发达，而在中国考上科举的朝鲜考生，除了学术成就
受人肯定，为家族博得显赫声名之外，无形中更强化了朝鲜社
会的儒家精英主义。到了朝鲜时代，社会上层阶级"两班"既
是儒学的推动者，又是中央政治权力的掌握者，在地方上也
有巨大影响力。儒家在朝鲜时代几已成为"准宗教"的国家

---

①　自董仲舒以后，所谓"以春秋断狱"是汉代常见的习惯。《尚书》一书对
　　汉代的施政、官制及法律发挥重大影响，参考李伟泰《两汉尚书学及其
　　对当时政治的影响》，台湾大学文学院，1976。
②　参考板野长八『儒教成立史の研究』岩波书店、1995、1—50頁；越智
　　重明指出："孝"这项儒家核心价值，到了秦汉帝国成立以后，出现儒家
　　与法家交融之现象，并受到帝国权力的渗透，所以《孝经·广扬名章》
　　有"君子之事亲孝，故忠可移于君"的命题。参看越智重明『孝思想の
　　展開と始皇帝』，《台湾大学历史学系学报》第15期，1990年12月。

信仰，[①] 朝鲜时代的儒者深信《五经》乃先王之圣典，经世之大要皆在经典之中，唯有精研儒家经典，政治革新才能落实。《四书》（尤其是《大学》），则被视为新儒家思想精义之所在，上自君王，下至臣属，人人必须熟读。此外，宋儒的形而上学、修身与礼法之学，也深受朝鲜学者重视；而朱熹的《近思录》与《四书章句集注》也成为朝鲜儒者必读之经典。[②] 我们披阅《朝鲜王朝实录》，随处可见在朝鲜宫廷里，国王与儒臣讨论《论语》或《孟子》经文之含义，甚至争辩经典对现实政治之启示。

（二）互相渗透性

中国历史上有关儒家知识与政治权力密切互动的例子不胜枚举。自从汉武帝独尊儒术以后，《春秋》与《尚书》等经典，就在汉帝国的司法事务上发挥指导作用。在西汉时代，《论语》这部经典也在高层政治中发挥了作用。西汉成帝（在位于公元前33—前7年）时曾任丞相6年的张禹（？—公元前5年），告老家居之后，仍是皇帝之咨询对象。永始（公元前16—前13年）、元延（公元前12—前9年）之间，日食、地震频仍，吏民多上书言灾异系王莽（巨君，公元前45—23年）专政所致。皇帝亲自询问张禹有关天变与吏民对王莽的

---

①　参考 Martina Deuchler, *The Confucian Transformation of Korea: A Study of Society and Ideology*, Cambridge, Mass. and London: Council on East Asian Studies, Harvard University, 1992, pp. 3-27。

②　Martina Deuchler, *op. cit.*, pp. 89-128.

批评，张禹引用《论语》"子罕言命""子不语怪力乱神""夫子之言性与天道，不可得而闻已矣"等经典文本，以间接回护王莽，赢得王氏子弟好感，也为自己家族免祸。[①] 在这段史实中，《论语》在政治场合与政治脉络中被引用并论述，说明中国历史上儒家知识系统与政治权力之互相渗透性。[②]

朝鲜时代的朝鲜君臣常在经筵中讨论《论语》，也常常与现实政治相印证，因而使儒家知识与权力运作互相渗透。在朝鲜时代宫廷里，朝鲜君臣将《论语》中的义理，放在他们所身处的政治情境中阅读，并开发《论语》的当代政治意涵。这种政治性的阅读，在14—19世纪的历代《朝鲜王朝实录》中一再出现。这种政治性的经典阅读方式，常可以开发《论语》中潜藏的含义。例如定宗（李曔，初名芳果，在位于1398—1400年）元年（1399）正月初七日，定宗与赵璞（1356—1408）讨论《论语·先进·14》。[③] 赵璞从《论语》中开发出"此欲人君罢土木劳民之役也"的当代政治新意涵，颇能为《论语》建立当代相关性。在《论语》原典中，闵子骞（名损，公元前536—前487）的话是针对鲁国建设宫殿而发，所以14

---

① （汉）班固撰，（唐）颜师古注《汉书》卷81《匡张孔马传第五十一》，中华书局，1988，第3351页。

② 以上所论，参考黄俊杰《论东亚儒家经典诠释与政治权力之关系：以〈论语〉、〈孟子〉为例》，收入氏著《东亚文化交流中的儒家经典与理念：互动、转化与融合》，第121—140页。

③ 《恭靖王实录》卷1，定宗元（1399）年正月初七日，第1—2页，收入《朝鲜王朝实录》第1册，总第143页。

世纪的赵璞对朝鲜定宗说，这一章的原意是要求国君放弃劳民伤财的建设，既符合原典意义，又切中当时朝鲜政治事务，既开发了《论语》之内涵，又将《论语》与当时朝鲜政务加以联结，颇具巧思。

朝鲜时代儒家知识与政治结构的互相渗透，使得儒家经典如《论语》在现实政治上常常成为君臣引用来支持自己政治立场的论据。例如太祖二年（1393），谏官弹劾政堂文学李恬（？—1403；？—太宗三年）时，引用孔子所说"使于四方，不辱君命"（《论语·子路·20》）一语，批评李怡出使中国之违失。① 太宗十三年（1413）六月，太宗任命前万户朴础（1367—1454；恭愍王十六年—端宗二年）为日本通信官。司谏院左司谏大夫玄孟仁（生卒年不详，1383 年进士）等上疏引孔子曰"行己有耻，使于四方，不辱君命，可谓士矣"一语，批评朴础"以草茅之士，幸忝科第，厚蒙圣恩，为缮工监丞，盗用官铁，肆行贪污，是无廉耻之小人也"。② 太宗引孔子"何必念旧恶"③ 一语回护朴础，仍任命朴础为日本通信使。朝鲜君臣在政治脉络中解读《论语》，开发《论语》的当代政

---

① 《太祖实录》卷 4，太祖二年十二月二十七日，第 14 页，收入《朝鲜王朝实录》第 1 册，总第 52 页。

② 《太宗实录》卷 25，太宗十三年六月十六日，收入《朝鲜王朝实录》第 1 册，总第 673 页。

③ 《太宗实录》卷 25，太宗十三年六月十六日，收入《朝鲜王朝实录》第 1 册，总第 673 页。孔子说："不念旧恶，怨是用希。"（《论语·公冶长·22》），见（宋）朱熹《论语集注》卷 3，收入《四书章句集注》，第 81 页。

治含义，从而使儒家知识与政治权力交融为一。

三　儒家知识与政治权力的紧张性

　　所谓"紧张性"，指"知识"与"权力"在互动之中常互相冲突，例如明代儒臣李应桢（1431—1493）在文华殿时，皇帝命他写佛经，他不应命，并上章说："臣闻为天下国家有九经，未闻有佛经也。"①皇帝大怒挞之于庭。李应桢引用的是《中庸》第 20 章，这个个案就显示儒家知识与政治权力的冲撞。更进一步分析，"知识"与"权力"之间常出现两种紧张性：（1）第一种紧张性是指历代中国帝王与儒家官僚这两种人物的"自我"常常撕裂为二，形成紧张关系。我们首先看帝国统治者的内在"自我"的紧张性。历代皇帝都扮演两种角色，他们既是政权的所有者，又是儒家价值的崇拜者，这两种角色之间有其紧张关系。例如，当西汉宰相汲黯（?—公元前 112）面向汉武帝犯颜进谏，所凭借的也就是儒家文化价值的理想，而"罢黜百家，独尊儒术"的汉武帝也因为接受这种理想，对汲黯的批评也必须多方宽容。②唐太宗（在位于 626—649 年）亦辗转于"自我"的这两种层面的紧张之中，当方正不阿的魏徵（580—643）当面进谏甚至责备他时，他仍必须察纳雅言，

---

　　① （清）王鸿绪等撰《明史稿·列传第五十八·高瑶》，台北：明文书局，
　　　　1991，第 614 页。
　　② （汉）班固撰，（唐）颜师古注《汉书》卷 50《张冯汲郑传第二十》，第
　　　　2316—2326 页。

压抑自己的愤怒。[①]

　　数千年来深受儒学洗礼浸润的中国与朝鲜知识分子及帝国官员的两种"自我"，也有其紧张性存在。他们既是传统儒家价值的信仰者，又是专制政权的权力执行者，他们的理想在政治现实的拉扯之下，一分为二，两者之间紧张性遂不可避免。举例言之，明孝宗（在位于1487—1505年）弘治元年（1488），皇帝在文华殿听大学士刘机（1452—1523）讲《孟子》，讲到"责难于君谓之恭，陈善闭邪谓之敬，吾君不能谓之贼"（《孟子·离娄上·1》）[②]这一段，孝宗皇帝问何以不讲末句，经筵讲官答以不敢。皇帝说："何害？善者可感善心，恶者可惩逸志。自今不必忌讳。"[③]这个例子显示儒家官员的两种"自我"的紧张关系。

　　不仅中国历史上的帝王的"自我"有其紧张性，朝鲜帝王的两个"自我"也常互为紧张关系，朝鲜皇帝中宗（李怿，在位于1506—1544年）在经筵讲说《论语》时，侍读官借《论语》"君子三变"之说，要求中宗对臣下应"和颜而待之"，中宗则答以"君臣之间，非如常人朋伴之间"，[④]词意和缓，但

①　（后晋）刘昫：《旧唐书·列传第二十一·魏徵》，台北：鼎文书局，1986，影印新校标点本，第2549页。

②　（宋）朱熹：《孟子集注》卷7，收入《四书章句集注》，第276—277页。

③　（清）孙承泽：《春明梦余录》卷9，收入《四库全书珍本六集》第224册，台北：台湾商务印书馆，1976，影印本，第9页。

④　《中宗大王实录》卷40，中宗十五年（1520）闰八月十七日，第22—23页，收入《朝鲜王朝实录》第15册，总第683—684页。

微妙地表达了君臣之间的权力上下关系。从一方面来看，这段君臣对话将《论语》原典中作为人格典范的"君子"（特指孔子）解释为"人君"，固然是对《论语》原始语境中的意蕴的窄化，但是从另一方面来看，将《论语》中"君子三变"这句话放在君臣相与之际的脉络中解读，则又有将原文中潜藏的意义加以过度膨胀的现象。中宗皇帝虽然崇敬孔子，但又坚持皇帝至高无上的终极权力，他作为儒家价值接受者的"文化自我"与他作为朝鲜王朝权力掌控者的"政治自我"，两者之间显然处于紧张关系之中。

朝鲜君臣在政治情境中既诠释而又运用《论语》这部经典，这主要是因为儒家经典皆以平治天下为其鹄的，有其强烈的经世取向；而历代中国与朝鲜儒者大多同时身兼儒者与官员的双重身份，他们在王权至上的中国与朝鲜权力网络之中，"政治的自我"特别彰显，他们对经典的诠释常在君臣权力互动的脉络中进行。①

（2）中、韩两国历史上常出现的第二种紧张性是"人民主体性"与"帝王主体性"之间的紧张。儒家的政治理想是以人民作为政治的主体，而帝国专制政治的现实是以国君作为主体，二者之间形成难以调和的紧张关系。20世纪中国儒者徐复观敏锐地指出这种"国君主体性"与"人民主体性"的"二

---

① 关于朝鲜宫廷君臣对话中对《论语》的解读及其政治含义，另详拙作《朝鲜时代君臣对话中的孔子与〈论语〉——论述脉络与政治作用（14—19世纪）》，收入本书第四章。

重主体性的矛盾"。徐复观指出，中国的儒家主张，人君必须将其才智与好恶转化为一种德量，其极致的表现就是人君自身之处于"无为的状态"，而以天下的才智来满足天下的好恶。在理想世界与现实世界"双重主体性的矛盾"之下，深受中国文化浸润洗礼的知识分子官僚，常向往古典儒家的理想，以人民作为政治生活的主体。这种理想在秦汉后，就被以国君为主体的政治现实所架空甚至出卖。[1] 所以，南宋大儒朱熹就认为夏、商、周三代是中国文化理想最为纯粹的时代，是"道心"与"天理"流行的时代；公元前 221 年秦始皇统一中国后，就开始往下堕落，礼乐隳坏两千余年，此后，中国处于人欲横流的时代。[2]

朝鲜时代宣祖（李昖，在位于 1567—1608 年）1569 年 4 月 19 日在文政殿听奇大升（1527—1572）讲《论语》时，[3] 奇大升批判南宋学者饶鲁（1193—1264）对《论语·宪问·22》"子路问事君。子曰：'勿欺也，而犯之。'"的解释。朱熹注这一段文字中的"犯"字为"犯颜谏争"，[4] 但饶鲁进一步推衍朱

---

① 参看黄俊杰《东亚儒学视域中的徐复观及其思想》，台北：台大出版中心，2009，第 52、104、213、218 页。

② Chun-chieh Huang, "Imperial Rulership in Cultural History: Chu Hsi's Interpretation," in Brandauer and Huang eds., *Imperial Rulership and Cultural Change in Traditional China*, pp. 144-187.

③ 《宣宗实录》卷 3，宣祖二年（1569）四月，第 6 页，收入《朝鲜王朝实录》第 21 册，总第 204 页。

④ （宋）朱熹：《论语集注》卷 7，收入《四书章句集注》，第 155 页。

注强调"事君以不欺为本"，①并主张只有臣下本身表里如一，才有资格谏诤皇帝。饶鲁的说法明显地较朱注"犯颜谏争"退却而有屈服于皇权之嫌，从而引起了朝鲜儒臣的注意。尹根寿（1537—1616）起而批判饶鲁，②企图保住儒臣的谏诤权。奇大升发挥尹根寿的意见，并进一步主张皇帝不必泛观杂书，他说："我世宗晚年，不见辑注，凡四书，只印大文大注而览之"，③他主张回归《论语》原典与朱子集注，力争谏诤权，以巩固儒臣作为皇帝的道德导师之角色。从朝鲜历史所见的这个个案，我们可以看出以帝王为主体的权力系统与以人民为主体的儒家知识系统之间，确实存在着紧张关系。

在朝鲜时代君臣对政务的争议之中，儒臣常运用儒家经典中的知识强化自己的论证，反驳国君的政治决策。举例言之，《论语·微子·4》有"齐人归女乐，季桓子受之，三日不朝，孔子行"④的记载，这一历史事实在 15 及 16 世纪的朝鲜宫廷政治中，成为儒臣之间以及儒臣与国君之间争辩是否用女乐时引用的依据。⑤成宗二年（1471）一月十日经筵讲讫之

---

① （明）胡广：《论语集注大全》，收入严灵峰编《无求备斋论语集成》第 7 函第 6 册，卷 14《宪问》，台北：艺文印书馆，1966，第 27 页。

② 《宣宗实录》卷 3，宣祖二年（1569）四月，第 8 页，收入《朝鲜王朝实录》第 21 册，总第 205 页。

③ 《宣宗实录》卷 3，宣祖二年（1569）四月，第 8 页，收入《朝鲜王朝实录》第 21 册，总第 205 页。

④ （宋）朱熹：《论语集注》卷 9，收入《四书章句集注》，第 183 页。

⑤ 例如《成宗实录》八年（1477）一月十三日，成宗十二年（1481）六月二十一日，成宗二十三年（1492）一月四日；《中宗实录》元年（1506）十二月十七日均有记载。

后，儒臣朴崇质启曰：

> 昔齐人归鲁女乐，季桓子受之，三日不朝，孔子行。
> 今仁政、勤政两殿宴享用女乐，两殿乃朝廷外礼之所，
> 倭、野人随班观瞻之地，不可用女乐也。①

在朴崇质的上述言论中，我们看到儒臣引用《论语》主张废女乐以彰显"人民主体性"，显示在朝鲜时代，儒家知识系统与权力系统确实有其紧张性在焉。

四 结论

本章以 19 世纪以前中国与朝鲜历史所见的若干历史实例为基础，论述"儒家知识"与"政治权力"在中韩两国文化中既有其极密切的互动，又有极为紧张之关系。根据本章的分析，我们可以提出以下两点结论。第一，儒家"知识"与中韩政治权力既互相依赖又互相渗透。但"知识"与"权力"毕竟性质不同，在帝国体制之下，皇权是至高的权力，而儒臣的权力则是衍生性的权力。而"知识"与"权力"也各有其不同的"运作逻辑"，所以儒家知识分子与掌握权力的帝王之间，有其永恒的紧张性。明末大儒王夫之所谓"儒者之统"与"帝王之

---

① 《成宗实录》卷 8，成宗二年（1471）元月十日，第 4 页，收入《朝鲜王朝实录》第 8 册，总第 546 页。

统"，①在东亚各国历史上互倚而立，但又互相抗衡，儒家理想
与权力现实之间，既互相渗透而又互为紧张关系。在19世纪
中叶以前，中国与朝鲜都是帝国大一统的政治体制。大一统帝
国需要儒家价值系统作为帝国的意识形态基础，以有效运用各
种人力及物力资源，为谋帝国的长治久安。中韩两国帝王亦须
不断吸纳儒家知识分子作为官僚进入体制中。为实践"内圣外
王"理想，并驯服专制政权的统治者，中韩知识分子以身殉道
之史实，班班可考，于是，"知识"与"权力"之间的紧张性，
遂成为历史的必然。

　　第二，近代以前，中国与朝鲜历史上的"知识"与"权
力"之所以既不可分割而又互为紧张，最重要的原因在于儒学
知识之特质。就儒学知识之特质而言，自孔子以降，儒家就展
现强烈的整体性思维方式的倾向，这种整体性的思维方式倾向
于在"整体"的脉络中来思考"部分"的作用与意义，并认为
"部分"问题的解决必须在"整体"的脉络中进行。这种整体
性的思维方式，使古典儒家认为从"个人"到"家庭"到"社
会"到"国家"乃至"宇宙"，各个层面之间是一个同心圆不
断展开的连续性过程，任何一个阶段的断裂都可视为个人自我
实践的不完满。所以，古典儒家提出"内圣外王"作为最高的
人生理想，认为个人内在道德的修为与外在事功的完成是不可
分割的。换言之，内在道德的修养不仅是个人的玄思而已，它

---

① 王夫之：《读通鉴论》卷15《宋文帝》，收入氏著《船山全书》第10册，
　　第568页。

必须进一步落实在客观的外在环境之中。在"内圣外王"理念下，东亚儒家文化圈中一直潜藏着巨大的将儒家知识落实在政治现实上的动力。这种动力使中国文化充满了实用取向。20世纪法国著名汉学家白乐日（Étienne Balazs，1905–1963）就说中国的哲学从某一个角度而言都是社会哲学。[1] 儒学知识系统的强烈实践取向，使儒学知识在近代以前的中韩两国历史上必然与"权力"发生深刻的关系。

　　（本章内容曾刊于《中山大学学报》第 51 卷第 2 期，2011年 3 月，第 112—117 页，收入本书时已加修订）

---

[1]　Étienne Balazs, "Political Philosophy and Social Crisis at the End of the Han Dynasty," in H. M. Wright tr., *Chinese Civilization and Bureaucracy* , New Haven: Yale University Press, 1964, p. 195.

第四章

朝鲜时代君臣对话中的孔子与《论语》

——论述脉络与政治作用（14—19世纪）

一　引言

东亚儒家经典诠释传统的重大特征之一，就是经典的解释者在"诠释"经典的同时，也在"运用"经典及其内容，使经典的文义对当代产生撞击。①许多东亚经典解释者常假设经典作者的意旨是可以被阐明的，他们常通过对历史悠久的经典的重新诠释，为自己的现实处境定位，并策划未来的行动纲领。在东亚经典解释行动中，解读经典、回顾"过去"乃所以温故知新、定位"现在"，并策励"未来"。他们的解经活动实以当代的经典解读者作为主体，他们的解经活动所彰显的是经

① 艾柯（Umberto Eco）曾指出"诠释文本"（interpreting a text）与"使用文本"（using a text）之间的区别。参看〔意〕艾柯等《诠释与过度诠释》，王宇根译，生活·读书·新知三联书店，1997，第83页，但是，在东亚经典解释传统中，"注释文本"与"使用文本"常常交织为一，不另区分。其实，对经典的理解，就是一种自我理解的过程，伽达默尔（Hans-Georg Gadamer）说："每一个对艺术作品具有经验的人无疑都把这种经验整个地纳入他自身中，也就是说，纳入他的整个自我理解中，只有在这种自我理解中，这种经验才对他有某种意义。"见伽达默尔《〈真理与方法〉二版序》，收入《真理与方法》第2卷，洪汉鼎译，台北：时报文化出版公司，1995，第485页。

典读者的主体性。①

　　在上述"诠释即运用"的东亚思想传统之下，儒家经典的解释者常常在政治领域交锋，也在政治脉络中开发经典中潜藏的现实政治含义。在东亚儒家解经传统中，"权力"在经典解读中发生巨大的作用；而且，在东亚历史的权力结构发生巨变的转型期中，如中国的春秋战国时代、秦末汉初、魏晋南北朝、隋末唐初、唐末五代、宋元之际、明末清初、清末民初及台湾日占时期等，日本的德川初期、幕末维新时期，朝鲜朝末期，经典解释均与权力转移以及政治秩序的变动，发生密切互动之关系。②

　　最能彰显儒家经典诠释与政治权力结构的相互渗透关系的，莫过于东亚各国君臣对话中对孔子思想的引用与讨论。本章写作之主旨即在分析 14—19 世纪朝鲜宫廷中，君臣对《论语》义理的论述，探讨双方论述的脉络及其论述的含义。

　　在进入本章主题之前，我们必须先说明 14 世纪以降朝鲜的社会与思想的特质。朝鲜时代朝鲜社会的特征在于父系结构的亲族系统之备受重视，社会阶层明确。朝鲜社会的上层阶级"两班"，虽然人数相对稀少，但几乎垄断了政治、经济、学术方面的资源和官职，形成贵族治理的社会形态。"两班"以下是"中人"，中人是两班与良妾所生的子女，与常

---

① 　关于东亚思想交流中"思想接受者主体性"，参看本书第一章。

② 　参看黄俊杰《东亚儒学：经典与诠释的辩证》，台北：台大出版中心，2007，第 76 页。

民、白丁合称为"良民"。良民不同于贱民，他们可通过科举杂科而成为基层文武行政官员（技术官、医官、译官、胥吏），但不能参与政治。朝鲜时代初期，"两班"和"良民"的界线虽然分明，但亦有"良民"担任官职参与政治之例。①然而经过一个世纪的发展，阶级分化使得"良民"处于"两班"之下，仕途开始受到限制，都市地区愈来愈多的"良民"凭借经济活动而成为社会的新贵。从 14 世纪开始，朝鲜社会、政治与思想都深深地浸润在儒家价值理念之中，也受到儒学的转化。社会上层阶级"两班"中的文臣，既是儒学的推动者，又是中央权力的掌握者，在地方上也有巨大影响力。儒家学说在朝鲜时代几已成为国家信仰。②朝鲜儒者深信《五经》乃先王之圣典，经世之大要皆大备于斯，唯有精研先王之教，政治革新才能落实。《四书》（尤其是《大学》），则被视为新儒家思想精义之所在，上自君王，下至臣属，人人必须熟读。此外，《性理大全》涵盖了宋朝新儒家的形而上学、修身与礼法之学，也深受朝鲜学者重视；而朱熹的《近思录》与《四书章句集注》也成为朝鲜儒者必读之经典。③

①　这一点承蒙蔡振丰教授提示，谨敬申谢意。

②　参考 Martina Deuchler, *The Confucian Transformation of Korea: A Study of Society and Ideology*, pp. 3-27。

③　Martina Deuchler, *op.cit.*, pp. 89-128.

二　政治脉络中朝鲜君臣的《论语》论述及其得失

从 14—19 世纪《朝鲜王朝实录》的资料来看，朝鲜宫廷经筵中君臣的对话有如下现象：（1）常在政治脉络中对孔子思想与《论语》进行政治性的解读；（2）他们常从《论语》中开发出经典对现实政治的意蕴，尤其是儒者常因文寓谏，企图通过对《论语》解释权的掌控而导引政治走向；（3）朝鲜君臣对孔子思想与《论语》所进行的政治性解读，常常遗漏孔学思想世界中具有超越性与普遍性意义之思想内涵。我们接着举例析论上述三项论点。

（一）在政治脉络中解读《论语》

在朝鲜时代宫廷里，朝鲜君臣将《论语》中的义理，放在他们所身处的政治情境中阅读，并开发《论语》的当代政治意蕴。这种政治性的阅读，在 14—19 世纪的历代《实录》中一再出现。

这种政治性的阅读，常可以开发《论语》中潜藏的含义。例如定宗元年（1399）一月七日的《定宗实录》云：

> 御经筵。知经筵事赵璞进讲《论语》，至《仍旧贯如之何》章曰："此欲人君罢土木劳民之役也。"上曰："土木之役，已罢矣。忠清道监司李至，请除宫城盖茨。余思之，中外民贫，不能赍粮，国无所储，又不能给。盖茨转输之际，其弊不小，是害吾民也。当此之时，一切

营缮，皆所当已。况宫城盖茨乎！是以从其请。"璞对曰："殿下此言，诚吾民之福也。"①

定宗与赵璞所讨论的是《论语·先进·14》：

鲁人为长府。闵子骞曰："仍旧贯，如之何？何必改作？"子曰："夫人不言，言必有中。"②

赵璞从《论语》中开发出"此欲人君罢土木劳民之役也"的当代政治新意涵，颇能为《论语》建立当代相关性。在《论语》原典中，闵子骞的话是针对"鲁人为长府"而发，所以14世纪的赵璞对定宗说这一章的原意是要要求"人君罢土木之役"，既符合原典意义，又切中当时朝鲜政治事务，可称善解。

在有些经筵对话场合中，朝鲜君臣常通过对《论语》的解读，而确认或巩固孔子的意见之政治意义。例如纯祖（李玜，在位于1800—1834年）七年（1807）十一月二十一日的《纯祖实录》云：

戊午／昼讲。讲《论语》《民无信不立章》。上曰："兵、食、信三者之中，如当临阵对敌之时，迫不得已而

---

① 《恭靖王实录》卷1，定宗元年（1399）己卯正月，第1—2页，收入《朝鲜王朝实录》第1册，总第143页。
② （宋）朱熹：《论语集注》卷6，收入《四书章句集注》，第126页。

当去之，则何者当先乎？"特进官金履永曰："汉于长坂之
战，兵、食乏绝，而江陵士卒十余万，男负女戴，不叛
而来者，以其信故也。"上曰："非此之谓也。如汉高帝之
在围之三匝之中，事出急遽，命在顷刻，当溃一面潜出
之际，必不得已而有所去于三者之中，则何者当去乎？"
侍读官徐有望曰："虽当如此之时，信则尤不可去矣。"①

　　纯祖与金履永（1755—1845）及徐有望（1766—1833）的对话
环绕的是《论语·颜渊·7》子曰："足食，足兵，民信之矣"②
这一章孔子以"自古皆有死，民无信不立"作结。朝鲜纯祖的
侍读官徐有望确认孔子原意应是"信则尤不可去矣"。这样的解
读与《论语》原意若合符节，《论语·子张·10》子夏曰："君
子信而后劳其民；未信，则以为厉己也。信而后谏；未信，则
以为谤己矣。"③这一段话正可以作为孔子原意之最佳批注。

　　但是，在多数场合中，就历代《实录》资料所见的朝鲜
经筵君臣对话，常不免有窄化或过度诠释《论语》之嫌。举例
言之，在《论语·子张·9》中，子夏曰："君子有三变。望之
俨然，即之也温，听其言也厉。"④这一段曾经成为朝鲜君臣对
话的主题，中宗十五年闰八月十七日的《中宗实录》云：

① 《纯宗大王实录》卷10，纯祖七年（1807）丁卯十二月，第47—48页，
　　收入《朝鲜王朝实录》第47册，总第594b—595a页。
② （宋）朱熹：《论语集注》卷6，收入《四书章句集注》，第134页。
③ （宋）朱熹：《论语集注》卷10，收入《四书章句集注》，第189页。
④ （宋）朱熹：《论语集注》卷10，收入《四书章句集注》，第189页。

　　御夜对，讲《论语》。侍读官黄孝献曰："君子有三变之言，反复见之，其意甚好。望之俨然，即之也温，听其言也（确）〔厉〕，此人君之所当勉也。……臣观自上威仪之间，可谓至俨矣，而但欠温和之气，接对群臣之间，只率循常之例，而未见有论难之事。夫君臣之间，如父子之亲，上和颜而接待之，则下亦乐于进言矣。自上春秋虽盛，然自今始为圣学之功，未为晚也。"……上曰："君臣之间，俨、和、（确）〔厉〕三字，宜兼有之，但君臣之间，非如常人朋伴之间，故其情意，未能相孚也。此则其势使然也，非故为过严也。"……孝献曰："……大抵君臣之间，虽主于严威，而以和柔相可否，亦可也。"上曰："信之于人大矣。古之人无信不立。今者法不信于民，号令朝立夕变，国家法章，易为变更。自古云：'朝鲜之法只三日。'其不信甚矣。"①

　　在以上这段对话中，侍读官借《论语》所描述的孔子"君子三变"之说，要求中宗对臣下应"和颜而接待之"，中宗则答以"君臣之间，非如常人朋伴之间"，词意和缓，但微妙地表达了君臣之间的权力关系。从一方面来看，这段君臣对话将《论语》原典中作为人格典范的"君子"（特指孔子）解释为"人君"，固然是对《论语》意涵的窄化，但是从另一方面

---

　　① 《中宗大王实录》卷40，中宗十五年（1520）庚辰闰八月，第22—23页，收入《朝鲜王朝实录》第15册，总第683b—684a页。

来看，将"君子三变"放在君臣相与之际的政治脉络中解读，则又有将原文中潜藏的德行意义加以过度解释的现象。

朝鲜君臣在政治情境中既诠释而又运用《论语》这部经典，其实是东亚思想史常见的现象，这主要是因为儒家经典皆以平治天下为其鹄的，有其强烈的经世取向；而历代东亚儒者大多同时身兼儒者与官员的双重身份，他们在王权至上的东亚各国权力网络之中，"政治的自我"特别彰显，他们的经典诠释事业遂不能免于权力巨灵的纠葛。[①] 不仅朝鲜儒者运用《论语》以讽谏国君，中国汉代君臣对话也屡见在政治脉络中引用儒家经典的史例。例如西汉成帝（刘骜，在位于公元前33—前7年）时，翟方进（子威，？—公元前7年）在宫廷政治斗争中攻击政敌，就引孔子所说"人而不仁，如礼何？人而不仁，如乐何？"[②] 以攻讦政敌之"内怀奸猾，国之所患"。[③] 我们可以说：在东亚各国的宫廷中，在政治脉络中解读经典都是君臣对话的常态。

---

① 黄俊杰：《论东亚儒家经典诠释与政治权力之关系：以〈论语〉、〈孟子〉为例》，《台大历史学报》第40期，2007年12月，第1—18页，收入黄俊杰《东亚文化交流中的儒家经典与理念：互动、转化与融合》，第121—139页；Chun-chieh Huang, *East Asian Confucianisms: Texts in Contexts*, Göttingen and Taipei: V&R Unipress and Taiwan University Press, 2015, chapter 1, pp. 25-40。

② 见（宋）朱熹《论语集注》卷2，收入《四书章句集注》，第61页。

③ （汉）班固撰，（唐）颜师古注《汉书》卷84《翟方进传第五十四》，第3419—3420页。

（二）从《论语》中提出对当代政治的主张

朝鲜时代君臣讨论《论语》思想内涵时，臣下常常随文发挥、因文讽喻，发掘《论语》的现代启示，提出自己对当代政治事务的具体主张，较为重要的有以下几件。

（a）不同地域的人才之争

肃宗元年（1675）四月二十三日《肃宗实录》记载：

> 辛亥／御昼讲，讲《论语》《举直错枉章》。李夏镇曰："今日用一直言者，错一不直言者，明日用一直言者，错一不直言者，又明日如是，则直者自进，不直者自退，朝廷岂不清明乎？"权愈曰："不必讲他章，只此一章足用矣。"金锡胄曰："任贤去邪，皆属于知人。知人然后能知枉直之所在。不能知人，则有以直为枉，以枉为直之弊。当今人物眇然，且有外忧，须察人才而用之。"时，上以西人为枉，南人为直，故夏镇进说于上，请日日错西人一人，举南人一人，愈又言不必讲他章也。西人余存者，夏镇、愈等欲尽去之，以此为妙计，锡胄恶之，请以知人为先也。夏镇等于筵席，为此等言，张善澂、金万基及锡胄，时或辨之，上不省也。①

肃宗与李夏镇（1628—1682）、权愈（1633—1704）所讨

---

① 《肃宗大王实录》卷3，肃宗元年乙卯四月，第39页，收入《朝鲜王朝实录》第38册，总第268a页。

论的是《论语·为政·19》：

> 哀公问曰："何为则民服？"孔子对曰："举直错诸枉，则民服；举枉错诸直，则民不服。"①

李夏镇在阅读《论语》时，将孔子所说"举直错诸枉"的普遍性用人原则，落实在 17 世纪下半叶朝鲜宫廷中不同地域出身的人才之争的特殊情境之中，并具体建议肃宗在宫廷中斥退属畿湖学派的西人党人，提拔属岭南学派之东人党所分裂出的南人党人。

（b）李珥（1536—1584）从祀文庙问题

朝鲜的文庙制度始于新罗时代的圣德王十六年（717），但儒者之配享文庙则始于高丽时代后期忠肃王六年（1319）配享安珦（晦轩，1243—1306）。在朝鲜时代，有中宗十二年（1517）配享郑梦周（圃隐，1337—1392），光海君二年（1610）配享金宏弼（寒暄堂，1454—1524）、郑汝昌（睡翁，1450—1504）、赵光祖（静庵，1482—1519）、李彦迪（晦斋，1491—1553）、李滉（退溪，1501—1570），肃宗七年（1681）配享李珥（栗谷，1536—1580）、成浑（默庵，1525—1598），肃宗四十三年（1717）配享金长生（沙溪，1548—1631），英祖三十二年（1756）配享宋时烈（1607—1689）、宋浚吉（同

---

① （宋）朱熹：《论语集注》卷1，收入《四书章句集注》，第58页。

春，1606—1672），英祖四十年（1764）配享朴世采（南溪，
1631—1695），正祖二十年（1796）配享赵宪（1544—1592）、
金集（慎独，1574—1656）、金麟厚（河西，1510—1560）
等。从 14 到 18 世纪一共配享 18 位朝鲜儒者，但是在这 18 位
朝鲜儒者中，只有李珥与成浑是配享之后被黜，之后再配享，
而且李珥从祀文庙争议，也与朝鲜宫廷的党争相终始。①

　　仁祖元年（1623）西人在政治上占上风，开始与反对李
珥文庙配享的东人党人，展开李珥的文庙配享的争论。仁祖
十三年（1635），西人与南人之间对这个问题争议尤烈。到了
肃宗十五年（1689）二月，西人在政治上失势，南人跃登政
治舞台，李珥与成浑被黜享。肃宗二十年（1694），随着西人
政治上得势，同年五月朝廷决定李珥再配享。总之，李珥的文
庙配享与黜享，与朝鲜宫廷党争关系密切。②

　　这件事也在朝鲜君臣的《论语》阅读中发酵。《仁祖实
录》云：

　　　　上朝讲《论语》于文政殿。……特进官柳舜翼曰：
　　"人君当崇儒、重道、贲饰、文治，故古有投戈讲艺，息
　　马论道者。况今拭目新化之时，尤当崇奖儒术，先贤李

---

①　金相五：《黨爭史의立場에서 본李珥의文廟從祀問題》，《全北史學》第 4
　　期，1980 年 12 月。承郑墰谟教授协助解读韩文，并承蒙蔡振丰教授提示
　　有关朝鲜文庙配享制度演变之意见，谨敬申谢意。
②　金相五：《黨爭史의立場에서 본李珥의文廟從祀問題》，《全北史學》第 4
　　期，1980 年 12 月。

珥从祀文庙，则士论洽然矣。"上曰："文庙从祀，所关重大，不可轻易为之。"承旨闵圣征曰："事若不可为，则虽久难从；事若可为，则何必持难！"侍读官李敏求曰："李珥非凡儒，宜速从祀。圣上不知李珥学问浅深，故以轻易从祀为难。若取览其文集，则可知其学问之所造矣。"检讨官俞伯曾曰："李珥从祀，乃一国公共之论，而第缘曩时公论不行，故迄未举行。臣意则虽不见文集，速许从祀宜当。"敬舆曰："从祀李珥之请，实出公论，圣上必已闻之矣。圣学高明，其文集，或者曾已取览矣。目今义理晦塞，道学不明，士子之趋向未定，宜速快从，使一国士子，知其趋向。"[1]

仁祖朝的儒臣企图从《论语》阅读中提出以李珥从祀文庙之具体主张。

（三）朝鲜君臣的《论语》诠释之得失

从本节所讨论朝鲜君臣"诠释即运用"的《论语》阅读实例之中，我们可以发现：从 14 世纪至 19 世纪约 500 年间，朝鲜君臣常通过他们时代的角度，进入孔学的思想世界，他们怀抱着自己时代的问题叩问孔门师生，向孔门师生求取答案以解决他们时代的政治问题。

---

[1]　《仁祖实录》卷 1，仁祖元年（1623）癸亥四月，第 35 页，收入《朝鲜王朝实录》第 33 册，总第 518a 页。

　　这种经典阅读与诠释的方式，最大的长处在于使孔子思想与《论语》不再是博物馆里的木乃伊，而是读者可以进入的图书馆，读者可以徜徉于《论语》的思想世界之中，携古人之手，与古人偕行。

　　但是，朝鲜君臣对《论语》所进行的当代政治解读，有时候却将孔学世界诸多具有普世意义的道德命题，转化为为当代政治斗争而服务的工具，陷入某种"政治化约论"（political reductionism）而不自知，诚可谓买椟还珠，未得其小，先失其大。举例言之，《论语·颜渊·10》有言："子张问崇德辨惑。子曰：'主忠信，徙义，崇德也。爱之欲其生也，恶之欲其死也。既欲其生，又欲其死，是惑。诚不以富，亦只以异'。"[1]孔子回答子张的问题时，是针对"崇德辨惑"而提出普遍道德命题，但17世纪下半叶朝鲜君臣阅读这一节《论语》原典时，却将它转化成政治上排斥异己的合理化理由。肃宗元年（1675）四月十六日《肃宗实录》云：

　　　　御昼讲，讲《论语》《崇德辨惑章》。知事金万基曰："凡人之情，于其所爱者，虽有过误而蔽不能知，于其所恶者，虽无罪而亦不能察，至有抱冤之人，人君之好恶尤大。……崇德、辨惑两言，圣人工夫最切处，人君尤宜省也。"上曰："唯。"万基之言，讽谕深切，副提学洪

---

① （宋）朱熹：《论语集注》卷6，收入《四书章句集注》，第136页。

宇远等，甚厌恶之。宇远以捧成虎锡疏，请推考承旨，仍言："宋时烈死有余罪，而特用宽典，置之德源，今犹自以为是。一边公卿、重臣及台阁之臣，庇护时烈，退处不仕，污秽朝廷，有若为时烈立节，自古岂有如此时乎？宜以严旨责之，不可下温批也。"宇远老衰，常时言语，仅能出口，至是，辞气暴勃，声震一筵。①

从撰写《实录》的史臣所说："万基之言，讽谕深切"一语，可以推知金万基（1633—1687）所发挥的孔子"崇德辨惑"之旨，确有明确指斥的政治对象，而不是作为一般道德原则而提出。

三　古与今的对话：《论语》在朝鲜宫廷中的政治作用

现在，我们进一步讨论《论语》在朝鲜宫廷中所发挥的政治作用。从历朝《实录》所见的史料看来，《论语》这部经典在朝鲜时代约 500 年间，大致发挥了两种类型的政治作用：（1）引导性（orientative）作用，（2）评价性（evaluative）作用。前者指在朝鲜君臣对话中，儒臣引用《论语》以引导当前现实政治的行动或决策；后者指儒臣常引用《论语》内容以评骘当代政治人物。我们接着讨论这两种类型的政治作用及其在现实政治语境中的操作。

---

① 《肃宗大王实录》卷 3，肃宗元年乙卯四月，第 33 页，收入《朝鲜王朝实录》第 38 册，总第 265a 页。

（一）引导性作用

朝鲜时代儒臣引用《论语》以讽喻国君，企图引导政治动向之实例甚多，最具有代表性的是宣祖二年（1569）的例子。这一年的已巳四月，宣祖在文政殿听奇大升（1527—1572）讲《论语·卫灵公篇》，奇大升说：

> 古人之言，虽指一偏，固当比类而观。若圣人之言，则上下皆通矣。双峰饶氏出注处多，而古人以为："饶氏善于出注，而自得则少云。"好货好色之言，于《孟子》亦有之。①

奇大升在对宣祖讲《论语》时，批判饶鲁（字伯舆，一字仲元，1194—1264）之说，出自饶鲁对《论语·宪问·22》"子路问事君。子曰：'勿欺也，而犯之。'"的解释。朱子注这一段文字云：

> 犯，谓犯颜谏争。范氏曰："犯非子路之所难也，而以不欺为难。故夫子教以先勿欺而后犯也。"②

朱注解"犯"字为"犯颜谏争"，但饶鲁进一步推衍朱注云：

---

① 《宣宗大王实录》卷3，宣祖二年己巳四月，第6页，收入《朝鲜王朝实录》第21册，总第204b页。

② （宋）朱熹：《论语集注》卷7，收入《四书章句集注》，第155页。

事君以不欺为本，然不欺甚难，须是平日于慎独上实下工夫，表里如一，方能如此。今人自家好色、好货，却谏其君勿好色、好货，皆是欺君。[①]

饶鲁强调"事君以不欺为本"，并主张只有臣下本身表里如一，才有资格谏诤皇帝。饶鲁的说法明显地较朱注"犯颜谏争"退却而有屈服于皇权之嫌，从而引起了朝鲜儒臣的注意。尹根寿（1537—1616）说：

君臣之间，如家人父子，情义至重。君有一事之误，一念之差，或言官，或侍从，皆当规谏。若待吾身无过，然后始得以谏君之过，则人无过者鲜矣。非孔、孟、程、朱，则何得以谏（若）〔君〕哉？特以情意切迫，故见君之过，不得不谏。其身虽不能不为好货好色，而固当谏之。饶氏之言极为误矣。[②]

尹根寿企图保住儒臣的谏诤权。奇大升进一步发挥尹根寿的意见，并进一步主张皇帝不必泛观杂书，他说："我世宗晚年，

---

① （明）胡广：《论语集注大全》卷14《宪问》，收入严灵峰编《无求备斋论语集成》第7函第6册，第27页。
② 《宣宗大王实录》卷3，宣祖二年（1569）己巳四月，第8页，收入《朝鲜王朝实录》第21册，总第205a页。

不见辑注，凡四书，只印大文大注而览之"，[1] 他主张回归《论语》原典与朱子集注，力争谏诤权，以巩固儒臣作为皇帝的道德导师之角色。

从以上这一个朝鲜君臣有关《论语》及其批注的细腻的对话，我们看到了《论语》在朝鲜时代的宫廷政治中所发挥的引导性的作用。这种引导性的作用，在16世纪朝鲜朱子学大师李滉在经筵为宣祖进讲《论语》时，也获得充分发挥。1568年8月1日《宣祖修正实录》记载：

> 上御经筵。李滉入侍，因讲《论语》"假我数年，卒以学《易》，则可以无大过矣。"及其注"学《易》则明乎吉凶消长之理；进退存亡之道。"仍推衍其义，进启曰："姑以乾卦言之，上九，位已亢极，故贵而无位；高而无民，有亢龙有悔之象。人君若以崇高自处，简贤自圣，独知驭世，无下下之意，则应此象，而有穷之灾。人君知此，则可以无大过矣。"翌日又别为札记以进，上曰："警戒之言，予当日以为戒。"[2]

李滉所讲的是《论语·述而·17》"假我数年，五十以学

---

① 《宣宗大王实录》卷3，宣祖二年（1569）己巳四月，第8页，收入《朝鲜王朝实录》第21册，总第205a页。

② 《宣祖大王修正实录》卷2，宣祖元年（1568）戊辰，第10页，收入《朝鲜王朝实录》第25册，总第412a页。

易，可以无大过矣"① 这一段经文。李滉顺着朱注《易》道明乎"进退存亡之道"，而进谏宣祖应以此自警。在李滉深受宣祖信任，望重一方之时，"在经筵，随事陈戒，台谏之启，或不从者，皆右之，上无不从之"，② 李滉企图通过对《论语》的解释，而导引宣祖以《易》道自惕。

（二）评价作用

其次，《论语》经文也常被朝鲜儒臣引用以臧否人物，发挥评价性的作用。这样的例子通贯朝鲜时代屡见不鲜，我们举其一例概其余。

1520 年 9 月 13 日《中宗实录》记载：

> 御夕讲，讲《论语》。特进官金世弼曰："此云：'君子之过也，如日月之食，过也，人皆见之，改也，人皆仰之。'人非尧舜，何能每事尽善？虽匹夫，有过则要思改之。况人主处亿兆之上哉？人主过而能改，则百姓之仰之，岂啻若日月之光明乎？近来朝廷更化之事，多矣。虽变，而岂能尽得其中哉？去五六年间，自上锐意思治，新进喜事之人，争以好古之说见用，而变更祖宗旧章，从此乱焉。大臣虽见其弊，而不敢发言，其弊至于上下

---

① （宋）朱熹：《论语集注》卷 4，收入《四书章句集注》，第 97 页。
② 《宣祖大王修正实录》卷 2，宣祖元年（1568）戊辰，第 10 页，收入《朝鲜王朝实录》第 25 册，总第 412a 页。

乖离，情意不通，终莫之救。不得已而朝廷处置改变，
然岂能得中而无后弊哉？"[1]

儒臣金世弼（1473—1533）从《论语·子张·21》"君子
之过也"章而讽谏中宗任用赵光祖（1482—1519）、金湜
（1482—1520）等人之不当，并对当朝人物多所评骘，使得
中宗立即辩白人事任用与黜陟之原因。

从以上这个君臣对话的实例来看，我们可以说:《论语》
之所以在 14—19 世纪朝鲜宫廷政治中发挥评价性的作用，最
重要的原因就是朝鲜君臣怀抱着他们时代的政治议题与实况，
进入《论语》的思想世界，他们过度"自由"阅读《论语》，
力求古为今用，常常逸脱《论语》的原始语境而开发出过多的
当代政治意蕴。

四　结论

本章考察 14—19 世纪朝鲜君臣讨论《论语》的若干实
例，以论证东亚儒者解读经典时的一项重要特征——诠释即运
用。在朝鲜时代约 500 年间，朝鲜君臣双方诠释《论语》的同
时，也将《论语》运用在他们的时代的具体政治问题之上。

在东亚儒家经典解释学中这种"诠释即运用"的传统之
下，朝鲜儒臣在为国君讲解《论语》时，涉及现代语言哲学

---

[1] 《中宗大王实录》卷 40，中宗十五年庚辰九月，第 33 页，收入《朝鲜王
朝实录》第 15 册，总第 689a 页。

"言说行动理论"所说的言说的三个层次，他们除讲解经典中的"言内之意"（locutionary intention）外，更特别用心开发经典文句中的"言外之意"（illocutionary intention）以及"言后之意"（perlocutionary intention）。[①] 只有阐明经典中文句的"言外之意"与"言后之意"，朝鲜儒臣才能将《论语》这部经典拉到他们自己的时代来理解，在政治脉络中解明孔子话语的现代意义。这是伽达默尔所说的一种"自我理解"的方式。他们的《论语》解读确是一种政治行动，为政治目的而解读经典，本质上是一种政治性的经典解读。这种读经法的优点是观书不徒为章句，而能从经典中开发其现实意义，使朝鲜国君可以坐而论道，垂拱平章。但是，就朝鲜君臣约 500 年间读《论语》的经验看来，政治性读经方法，常常障蔽了他们的视域，使他们忽略了孔学思想世界中博厚高明的超越性的意涵。

朝鲜君臣这种"诠释即运用"的读经方法，使《论语》这部经典在 500 年间的朝鲜宫廷政治中发挥了"引导性"与"评价性"等两种政治作用。《论语》不仅是引导朝鲜时代政治

---

① "言说行动理论"由奥斯汀提出，参看 J. L. Austin, *How to Do Things with Words*, Cambridge: Harvard University Press, 1962 及 J. L. Austin, "Performative Utterances", in A.P. Martinich ed., *The Philosophy of Language*, New York: Oxford University Press, 1996, 3rd edition, pp. 120-129. 索尔则进一步推衍发皇。关于三个层次的言说意旨，参见 John R. Searle, *Speech Acts: An Essay in the Philosophy of Language*, Cambridge: Cambridge *University* Press, 1969；以及 John R. Searle, "A Taxonomy of Illocutionary Acts," in K. Gunderson ed., *Language, Mind, and Knowledge*, Minneapolis: Minnesota University Press, 1975, pp. 344-369。

走向的指南针、反映政治升沉的温度计，更是衡断政务、臧否人物时具有评鉴作用的试金石，其所得在此，其所失亦在此。

（本章内容曾刊登于张伯伟编《域外汉籍研究集刊》第七辑，中华书局，2011，第3—14页，收入本书曾大幅修订）

第五章
从东亚视域论德川时代日本儒者的
伦理学立场

一 引言

德川时代日本儒者的伦理学立场，虽然个别儒者之间有差异，但是他们的主流立场却明显地倾向于"功效伦理学"，尤其以古学派与徂徕学派儒者最为明显。从"功效伦理学"立场出发，德川日本儒者多半强调"功业"（achievement）优先于"德行"（virtue），也从"功效伦理学"立场对儒家核心价值"仁"与"道"，提出新的诠释。凡此皆有其德川时代实学思想作为背景，也蕴含一些值得探索的伦理学问题。

为了论证以上基本论旨，本章第二节首先以日本儒者的管仲论为中心，在东亚儒学的视野中，分析日本儒者所采取的"功业"先于"德行"之主张，第三节则析论日本儒者的"功效伦理学"的另一个面向：强调"仁"或"道"的功效义远过于其价值义。第四节探讨日本儒者的伦理学立场与日本实学思想脉络之关系，并检讨日本儒者的"功效伦理学"中的问题。第五节提出结论。

二　"功效伦理学"视野中的"功业"优先论

日本儒者的"功效伦理学"立场，首先表现为主张"功业"优先于"德行"。德川日本儒者虽然人自为说，家自为书，一门之中众说兼采，而各派之间又互相攻评，但是他们共同使用的关键词就是"人伦日用"。所以，德川日本儒者多认为德行必须见于功业之中，他们对"善的性质是什么?"以及"善如何可能?"之类的问题并不关心，他们大多不接受"道义伦理"（deontological ethic）而强调"功利伦理"（utilitarian ethic）。

最能说明日本儒者之倾向"功效伦理学"立场的，莫过于日本儒者的管仲（公元前 730—前 645）论。我最近曾撰文研究日本儒者的管仲论，[①] 所以细节不再赘述，谨在此综述其大要。就日本儒者管仲论之大趋势而言，日本儒者论管仲基本上倾向于"功利伦理"之立场。孔子虽然批评"管仲之器小哉"（《论语·八佾·22》），[②] 但孔子也认可管仲"九合诸侯，不以兵车"[③] 的成就为"如其仁! 如其仁!"（《论语·宪

---

① 黄俊杰:《德川日本孟子学论辩中的管仲论及其相关问题》，收入郑宗义等编《全球与本土之间的哲学探索：刘述先先生八秩寿庆论文集》，台北：台湾学生书局，2014，第 407—436 页。

② （宋）朱熹:《论语集注》卷 2，收入《四书章句集注》，第 67 页。

③ （宋）朱熹:《论语集注》卷 7，收入《四书章句集注》，第 153 页。孔子所说"九合诸侯"的"九"，朱子解为"纠"。清儒翟灏（? —1788）认为"九为实数"，见（清）翟灏《四书考异》，收入《皇清经解》第 64 函第 4 号，卷 464，清道光九年（1829）广东学海堂刊本，第 9 页。翟灏之说信实可从。

问·17》），① 到了孟子，才批评管仲未能施行王道。② 朱子虽认为"管仲虽未得为仁人"，但"其利泽及人，则有仁之功矣"。③ 德川时代日本儒者对管仲之评价与中国儒者差距甚大，17 世纪伊藤仁斋认为管仲之"仁"虽不及尧舜之"仁"，但均同为"仁"，④ 荻生徂徕也认为管仲的事功应可称为"大器"，⑤ 松村九山（1743—1822）说管仲可称为"仁者"，⑥ 东条一堂（1778—1857）称赞管仲以其"利泽恩惠，远被后世，丰功伟绩"之"大功"，⑦ 应称为仁者。

　　日本儒者评论管仲的主流意见，都称许管仲的功业而不称许管仲的存心或德行。日本儒者这种"功效伦理学"立场，也与朝鲜时代朝鲜儒者的意见遥相呼应。朝鲜儒者都认为管仲行霸者之术，但也都称许管仲的政治功业，18 世纪朝鲜朱子学大师丁若镛（茶山，1762—1836）反对朱子对管仲的批判，

---

① （宋）朱熹:《论语集注》卷 7，收入《四书章句集注》，第 153 页。
② （宋）朱熹:《孟子集注》卷 3，收入《四书章句集注》，第 227—229 页。
③ （宋）朱熹:《论语集注》卷 7，收入《四书章句集注》，第 153 页。
④ 伊藤仁斎『童子問』井上哲次郎、蟹江義丸編『日本倫理彙編』（五）、100 頁。
⑤ 荻生徂徕『論語徵』関儀一郎編『日本名家四書註釋全書·論語部 5』卷乙、68 頁。
⑥ 松村栖云『管仲孟子論』関儀一郎編『續續日本儒林叢書·隨筆部及雜部』鳳出版、1978、第 12 冊、1 — 17 頁、引文見 7 頁。
⑦ 東條一堂『論語知言』関儀一郎編『日本名家四書註釋全書·論語部 6』卷乙、403 頁。

他强调"事功之所成"① 即应称为"仁"者。日本儒者所采取的"功效伦理学"立场，使他们重视外显的政治事业，而不是内隐的存心问题。这一点与宋代以后中国儒者的"存心伦理学"立场构成鲜明对比。

为了进一步解释中日儒者之伦理学立场之对比，我想再以唐太宗为例加以分析。唐太宗李世民虽在玄武门事变之后登上皇位，却开创"贞观之治"，留名青史。但是，唐太宗在日本儒者与朱子的评价中，形象南辕北辙，势同水火，彰显"功效伦理学"与"存心伦理学"两种立场的差异。

日本儒者论唐太宗都对其政治功业推崇备至。西岛兰溪（1780—1852）说："唐太宗文皇帝者，创业守成，一代英武之贤君也"。② 荻生徂徕弟子太宰春台（1680—1747）也推崇唐太宗的文采与功业："自秦汉而下，人主有文辞而不失其英烈者，唯汉世祖、唐太宗为然"。③ 长野丰山（1783—1837）推崇唐太宗说："人主之德在知人，而知人尧舜难之，况其它乎？至愚之君，必悦媚己者。故人主能悦其不媚己者，亦可以为英明矣，如唐太宗是也"。④ 综观日本儒者的唐太宗论，完全聚

---

① 〔韩〕丁若镛：《论语古今注》，收入茶山学术文化财团编《（校勘·标点）定本与犹堂全书》第 7 册，首尔：茶山学术文化财团，2012，第 133—134 页。

② 西島蘭溪『清暑閒談』『日本儒林叢書·隨筆部卷第一』第 1 册、114 頁。

③ 太宰春台『文論·詩論』『續續日本儒林叢書·隨筆部及雜部』第 12 册、6 頁。

④ 長野豊山『松陰快談』『日本儒林叢書·儒林雜纂』第 14 册、5 頁。

焦于唐太宗的功业与文采，欣羡唐太宗获禽之多，而未计及其田猎之出于邪心或正心。

不仅日本儒者高度正面评价唐太宗的功业，德川时代日本的将军也非常重视吴兢（670—749）所编记述唐太宗与群臣论政治得失的《贞观政要》。德川家康（1542—1616）在 1593 年尚未统一日本以前就接见儒者藤原惺窝（1561—1619），请惺窝为他讲解《贞观政要》。1614 年德川家康命五山僧从《贞观政要》中集萃公家武家之法度；第三代将军德川家光（1604—1651）于 1624 年令儒臣林罗山（1583—1657）讲解《贞观政要》；改革学派儒臣新井白石（1657—1725）亦尝献《贞观政要》给五代将军德川纲吉（1646—1709）；朱子学者室鸠巢（1658—1734）奉命向八代将军德川吉宗（1684—1751）讲授《贞观政要》。由此可见，《贞观政要》及唐太宗的功业，是日本儒臣为历代将军讲学必讲的课题。①

与日本儒者比较之下，朱子对唐太宗的批判很能显示其所采"存心伦理学"之立场。朱子认为唐太宗的功业"能富其民则有之，至于教则犹未及也，又安能使其化民而一于仁乎？"②朱子之所以不以"仁"推许唐太宗，最根本的原因在于

---

① 原田種成『貞觀政要の研究』吉川弘文館、1965。张崑将教授提示我注意到原田种成这部书，谨敬申谢意。

② （宋）朱熹：《论语或问》卷 13《子路》，收入（宋）朱熹《四书或问》，上海古籍出版社，2001，第 311—312 页。

朱子认为唐太宗存"心"不正。朱子与陈亮（同甫，1143—1194）论王霸之辨时说：

> 太宗之心，则吾恐其无一念之不出于人欲也。直以其能假仁借义以行其私，而当时与之争者才能知术既出其下，又不知有仁义之可借，是以彼善于此而得以成其功耳。①

朱子批评唐太宗之"心""无一念之不出于人欲"，因此唐太宗之"心"不能与"道""合而为一"，朱子说：

> 夫人只是这个人，道只是这个道，岂有三代、汉、唐之别？但以儒者之学不传，而尧、舜、禹、汤、文、武以来，转相授受之心不明于天下，故汉唐之君虽或不能无暗合之时，而其全体却只在利欲上。此其所以尧、舜、三代自尧、舜、三代，汉祖、唐宗自汉祖、唐宗，终不能合而为一也。今若必欲撤去限隔，无古无今，则莫若深考尧舜相传之心法，汤武反之之功夫，以为准则而求诸身。②

朱子认为唐太宗因为存"心"不正，所以偏离"道"，因而所成

---

① （宋）朱熹：《答陈同甫六》，收入《朱子文集》第 4 册，第 1458 页。
② （宋）朱熹：《答陈同甫六》，收入《朱子文集》第 4 册，第 1464 页。

就之功业只是霸道而非王道。[①] 诚如李明辉（1953—）所指出，朱子强调"道"之理想性，所以视汉武帝、唐太宗为霸者；但陈亮强调"道"的现实性，所以视汉武帝、唐太宗为合乎王道。[②]

朱子批评唐太宗时所采取的哲学立场，明显地倾向某种观念论（idealism）的立场，预设世间万事万物包括政治功业都与历史上行为者的存"心"密切相关，朱子坚持"天下之事，其本在于一人，而一人之身其主在于一心，故人主之心一正，则天下之事无有不正；人主之心一邪，则天下之事无有不邪"，[③] 因此，用韦伯（Max Weber，1864–1920）的话来说，朱子坚定主张政治人物（如唐太宗）的"存心伦理"（ethic of intention）比"责任伦理"（ethic of responsibility）[④] 更重要。如果与朱子论唐太宗所采取的"存心伦理学"立场对照，日本儒者评价管仲与唐太宗时特重功业而非其德行，他们所抱持的

---

① 关于朱子对中国历史的解释，另详拙著《儒家思想与中国历史思维》，第6章，第183—222页。

② 李明辉：《孟子王霸之辨重探》，收入氏著《孟子重探》，第55页。

③ （宋）朱熹：《己酉拟上封事》，收入《朱子文集》第2册，第394页。

④ Max Weber, "Politics as a Vocation," in W. G. Runciman ed. and E. Matthews tr., *Max Weber: Selections in Translation*, Cambridge and New York: Cambridge University Press, 1978, pp. 212-225. 日本前辈学者汤浅幸孙（1917—2003）认为，在中国思想史中，春秋公羊学与程朱学派以及宋代以后民间道教都倾向于"存心伦理学"（日语所谓"心情伦理"，しんじょうりんり），但是他认为一般儒家知识分子因为作为官员必须承担行政责任，所以多半倾向"责任伦理"。参看汤淺幸孫「心情倫理と責任倫理」日原利国編『中国思想史辭典』研文出版、1984、頁230。详细讨论参见湯淺幸孫『中国倫理思想の研究』（同朋社、1981）一书。

"功效伦理学"立场就豁然彰显了。

　　我们将日本儒者与朱子的伦理学加以比较就会发现：日本儒者采"功效伦理学"立场，主张：行为的"结果"比行为者"存心"重要，而且，"善"的判准在于其所创造之效益。日本儒者基本上采取"气一元论"思路，切断行为者的"心"与行为的"功效"之间的必然性关系。相对而言，朱子认为"理"可以从圣人"心"中"流出来"，[①]世界的万事万物之作为"气"，必须接受"理"的统辖。朱子从"理气二元论"推衍出"伦理二元论"，强调"人欲"与"天理"在人的生命中，恒处于对抗之紧张关系之中，所以，朱子主张"存心"对"功效"具有优先性。但是，日本儒者则采取"气一元论"之立场，倾向于从宋儒所谓"气质之性"论人性，伊藤仁斋就说孔孟的人性论"皆就生质论之，而非以理当之也"。[②]洎乎19世纪的山田方谷（名球，字琳卿，号方谷，1805—1877）更提出所谓"气生理"之说。山田方谷说："宇宙间一大气而已。唯有此气，故生此理，气生理也，非理制气也。"[③]从伊藤仁斋

---

①　（宋）黎靖德编《朱子语类》卷98《义刚录》，收入《朱子全书》第17册，第3321页。

②　伊藤仁斋『論語古義』関儀一郎編『日本名家四書注釋全書・論語部1』卷9、256—257頁。

③　山田球著、岡本巍校「孟子養氣章或問圖解」宇野哲人、安岡正篤監修、荒木見悟等編『陽明学大系・9・日本の陽明学・中』明德出版社、1973、頁258。我在拙书中有专章讨论山田方谷，参看 Chun-Chieh Huang, *East Asian Confucianisms: Texts in Contexts*, Göttingen and Taipei: V&R Unipress and National Taiwan University Press, 2015, chapter 11, pp. 199-214。

的"天地之间一元气"①说到山田方谷的"宇宙间一大气"说，一脉相承。在日本儒者的思想世界里，"理气二元论"既已被"气一元论"所架空，一切的"善"当然只能在现实世界中被考虑。日本儒者主张"善"之"结果"比"存心"更重要，乃事所必至，理所当然。

三　"功效伦理学"视野中儒家的"仁"与"道"

日本儒者的"功效伦理学"立场，不仅表现在他们评论历史人物时，所持的"功业"先于"德行"的主张，也表现在他们对儒家核心价值如"仁"或"道"的新诠释之中。

在东亚儒家传统中，最重要的核心价值就是"仁"。"仁"字在《论语》全书 58 章中共出现 105 次。中国儒学史中的"仁"之含义，可以大略分为四类：（1）作为身心安顿场所的"仁"；（2）作为生生不已的价值判断能力的"仁"；（3）作为社会伦理的"仁"；（4）作为政治事业的"仁"。前二者属于"仁"的"内在范畴"，后二者则属于"仁"的"外在范畴"。儒家主张"仁"必然通贯内外两个范畴，而"仁政"尤以"仁心"为其基础。先秦儒家"仁"学始于"修身"，层层推扩，修己以安人、安百姓，内外兼修，显微无间。洎乎南宋，朱子在孝宗乾道九年（1173）撰《仁说》，并在《四书章句集注》《四书或问》及《克斋记》中，以"心之德，爱之理"释

---

① 　伊藤仁斋『語孟字義』『日本倫理彙編』（五）、頁 12。

"仁"①并以"仁也者,天地所以生物之心"②之说,将"仁"提升到宇宙论及形而上学的高度。

虽然德川时代多数日本儒者在中年以前浸润在朱子学之中,但是,朱子的"仁"学论述东传日本之后,却引来日本儒者一致的批判。日本儒者对朱子的批判,非常鲜明地展现他们的"功效伦理学"立场。

在中国儒学传统中,孔子与弟子言"仁",特重"为仁之方",③而非"解仁之义"。④南宋朱子本于"理气二元论"而取"伦

① (宋)朱熹:《仁说》,收入《朱子文集》第7册,第3390页。例如《孟子集注》卷1《梁惠王章句上·1》注,收入《四书章句集注》,第201页;《论语集注》卷1《学而·2》注:"仁者,爱之理,心之德也",收入《四书章句集注》,第48页。

② (宋)朱熹:《克斋记》,收入《朱子文集》第8册,第3861—3869页。此文写于1173年,即写《仁说》之前一年。

③ 《论语·雍也·26》子曰:"夫仁者,己欲立而立人,己欲达而达人。能近取譬,可谓仁之方也已。"见朱熹《论语集注》卷3,收入《四书章句集注》,第92页。

④ 11世纪北宋儒者杨时(字中立,人称龟山先生,1053—1135)答学生问《论语》言仁处,何语最为亲切时说:"皆仁之方也。若正所谓仁,则未之尝言也。"见(宋)杨时《龟山先生集》卷11《语录二》,收入舒大刚主编《宋集珍本丛刊》第29册,线装书局,2004,第368页。18世纪日本儒者大田锦城(名元贞,1765—1825)说:"夫子答弟子问仁,皆为仁之方,而非解仁之义也。"见大田锦城『仁說要義』,收入井上哲次郎、蟹江義丸編『日本倫理彙編』(九)、488—535頁。引文见第504页。劳思光(1927—2012)先生也说:"孔子讲'仁'并不是提供一认知上的定义,而是要求对现实中问仁的你,怎样可有一最近切的道德转化——即如何进入仁的境界。"见劳思光《中国文化路向问题的新检讨》,台北:东大图书公司,1993,第26页。杨龟山、大田锦城与劳思光之说均一针见血,切中儒家仁学之核心。

理二元论"之立场，主张"所以求仁者盖亦多术，而一言足以举其要，曰'克己复礼'而已"。[①]

德川日本儒者批判朱子"仁"说时，将中国朱子学的"理在事上"翻转为"理在事中"，并在"存在"（existence）之中探索"本质"（essence）。[②]日本儒者均拒斥朱子以"爱之理"言"仁"，而将伦理学建立在形而上学基础之上。日本儒者所关心的问题是："仁"如何在人伦日用之中实践。17世纪贝原益轩（名笃信，1630—1714）主张"为仁之道，在厚人伦而已"。[③]18世纪丰岛丰洲以《仁说》为题撰文批评宋儒"专以仁为性之所完具，竟不辩夫外形及物见形，而后仁名始成焉"。[④]最具代表性的当然是17世纪末至18世纪初的古文辞学派大师荻生徂徕的言论，徂徕说："仁者，谓长人安民之德也"，[⑤]徂徕又说："孔门之教，仁为至大，何也？能举先王之道而体之者，仁也。先王之道，安天下之道也……"[⑥]就徂徕之批判朱子学的"伦理二元论"而言，丸山真男（1914—1996）

---

① 朱熹:《克斋记》，收入《朱子文集》第8册，第3861—3869页。
② 另详黄俊杰《东亚文化交流中的儒家经典与理念：互动、转化与融合》，第3章，第61—84页。
③ 貝原益軒『慎思録』氏著『益軒全集』国書刊行会、1973、第2册、4頁。
④ 豊島豊洲「仁説」関儀一郎編『日本儒林叢書』第6册、5頁。
⑤ 荻生徂徕『辨名』井上哲次郎、蟹江義丸編『日本倫理彙編』（六）、37頁。
⑥ 荻生徂徕『辨名』井上哲次郎、蟹江義丸編『日本倫理彙編』（六）、15頁。

所说"徂徕学是朱子学的反命题，因为'穷理'的能力被迫停止；圣人成了不同于一般人的异质存在；规范与自然的连续性被一刀两断；严厉作风被废止；治国平天下从修身齐家中独立出来另立门户"①，是正确的说法。徂徕将朱子所关心的"'仁'如何可能"这个问题，置换为"'仁'有何政治效益"这个问题，确实具有强烈的功利主义的倾向。

　　德川日本儒者的"功效伦理学"立场，也显示在他们对儒家核心价值"道"的新诠释之上。孔子提出"志于道，据于德，依于仁，游于艺"（《论语·述而·6》）②为"君子"之理想，孔门弟子有子曰："君子务本，本立而道生。孝弟也者，其为仁之本与！"《论语·学而·2》。③中国儒家所说的"道"，固然兼摄内外两面，但毕竟始于"修身"。

　　但是，德川儒者阐释孔子的"道"，特重人伦日用之效用，伊藤仁斋定义"道"为"人伦日用当行之道"，④又说："若夫欲外人伦而求道者，犹捕风捉影，必不可得矣。"⑤

　　荻生徂徕进一步说：

---

① 丸山真男『日本政治思想史研究』东京大学出版会、1976、115 页。中译文见〔日〕丸山真男《日本政治思想史研究》，王中江译，生活·读书·新知三联书店，2000，第 74 页。

② （宋）朱熹：《论语集注》卷 4，收入《四书章句集注》，第 94 页。

③ （宋）朱熹：《论语集注》卷 1，收入《四书章句集注》，第 48 页。

④ 伊藤仁斋『語孟字義』卷上「道」井上哲次郎、蟹江義丸編『日本倫理彙編』（五）、19 頁。

⑤ 伊藤仁斋『童子問』井上哲次郎、蟹江義丸編『日本倫理彙編』（五）、80 頁。

　　道者，统名也。举礼乐刑政，凡先王所建者，合而命之也，非离礼乐刑政别有所谓道者也。[①]

徂徕又说：

　　大抵先王之道在外，其礼与义，皆多以施于人者言之。……故先王之教，唯有礼以制心耳。外此而妄作，岂不杜撰乎？[②]

仁斋与徂徕所解释的"道"，特重"道"的社会政治作用，明显地呈现"功效伦理学"立场。

四　德川实学思想脉络中的功效伦理学及其问题

　　现在，我们可以探讨德川日本儒家"功效伦理学"的思想脉络。一言以蔽之，日本儒者的"功效伦理学"实浸润在德川时代实学思想的脉络之中。

　　根据源了圆（1920—）的研究，近世日本实学思想主要由儒者建构。[③]所谓"实学"，指人所追求的真实的学问，也是道德实践的学问，以及以政治为主的实用性学问。"实学"

---

① 荻生徂徕『辨道』吉川幸次郎等编『日本思想大系·36·荻生徂徕』岩波書店、1973、201 頁。
② 荻生徂徕『辨名』井上哲次郎、蟹江義丸編『日本倫理彙編』（六）、98—99 頁。
③ 源了圓『近世初期實学思想の研究』創文社、1980、序文、5 頁。

的"实"这个字，既是 real，又是 true，包括"实践性的实学"与"实证性的实学"两种类型。前者又分为两种类型：一是个人性的"道德实践的实学"，一是"政治实践的实学"或"经世济民的实学"。①源了圆认为，荻生徂徕建立了具有实证性的实学观。②日本儒者所主张的"功效伦理学"，正是在这种实学思想氛围中所形成。

作为"实学"的日本儒家"功效伦理学"，表现以下两项特征。第一，日本儒者所采取的思维方法是反形而上学的（anti-metaphysical）思维方式，他们不能接受朱子学在"气"的世界之上，另外安立一个作为"形而上之道""理"的世界，③他们以"气一元论"拆毁朱子学的"理气二元论"。④伊藤仁斋的说法颇有代表性，仁斋说：

①　源了圆『近世初期實學思想の研究』、序文 59、64 頁。
②　源了圆『近世初期實學思想の研究』、序文 66—67 頁。
③　朱子说："天地之间，有理有气。理也者，形而上之道也，生物之本也；气也者，形而下之器也，生物之具也。是以人物之生，必禀此理，然后有性；必禀此气，然后有形。"见《朱子文集》第 6 册，第 2798 页。
④　朱子说："所谓理与气，此决是二物，但在物上看，则二物浑沦，不可分开，各在一处，然不害二物之各为一物也。"见《朱子文集》第 5 册，第 2095 页。但朱子又说："理又非别为一物，即存乎是气之中；无是气，则是理亦无挂搭处。"参看（宋）黎靖德编，王星贤点校《朱子语类》卷 1，中华书局，1986，第 3 页；又说："理在事中，事不在理外。"见《朱子语类》卷 44，第 1141 页。劳思光先生论朱子的"理""气"关系说："就存在性而言，'理'与'气'决不可混；但就其运行显现言，'理'与'气'决不可分。"见劳思光《新编中国哲学史》（三上），台北：三民书局，1983，第 273 页，其说精当可从。

何谓天地之间一元气而已耶？此不可以空言晓，请以譬喻明之。今若以版六片相合作匣，密以盖加其上，则自有气盈于其内。有气盈于其内，则自生白醭，则又自生蛀蟫，此自然之理也。盖天地一大匣也，阴阳匣中之气也，万物白醭蛀蟫也，是气也。无所从而生，亦无所从而来，有匣则有气，无匣则无气。故之天地之间，只是此一元气而已矣，可见非有理而后生斯气。所谓理者，反是气中之条理而已。[①]

仁斋采取"气"外无"理"之哲学立场，主张"理""反是气中之条理而已"，将朱子学的"理在气上"翻转成为"理在气中"，彻底解构朱子的伦理学之形而上学基础，所以，仁斋可以强有力地宣称"夫道者，人之所以为人之道也"以及"俗即是道"。[②]

第二，日本儒者的"功效伦理学"，本质上是反观念论的（anti-idealistic）伦理学。这项伦理学特质，在荻生徂徕的论述中，以最鲜明的方式表现出来。徂徕说：

大抵先王之道在外，其礼与义，皆多以施于人者言

---

① 伊藤仁斎『語孟字義』井上哲次郎、蟹江義丸編『日本倫理彙編』（五）、12頁。
② 伊藤仁斎『論語古義』関儀一郎編『日本名家四書注釋全書・論語部 1』50、130頁。

之。……故先王之教，唯有礼以制心耳。外此而妄作，
岂不杜撰乎？①

徂徕主张"以礼制心"，强调以外在的规范来矫正人的"心"，
他所走的是荀学的道路，荀子说："今人之性恶，必将待师法
然后正，得礼义然后治"，②徂徕诚可谓为荀子的未面心友与异
域知己。

徂徕弟子太宰春台将徂徕的"反观念论的"伦理学立场，
发挥得淋漓尽致。太宰春台著《圣学答问》，特别强调"以义
制事，以礼制心"。③春台宣称先王之治天下以修身为本，以
礼义治外，未闻治心之说，他说："不论内心如何，守护外在
之礼义而不犯者，君子也。"④春台切断人"心"与"世界"之
关系，而专注于"仁"在外在事功上的效果，春台这样重新诠
释孔子的"仁"：

　　仁者德也，藏于内而难见，故惟于事功上见之，夫
子常言不知其仁，意皆如此。孔子以仁为教，门人谁不

---

① 荻生徂徕『辨名』井上哲次郎、蟹江義丸編『日本倫理彙編』（六）、
　 98—99頁。
② 《荀子·性恶篇第二十三》，引文见《荀子集解》卷 17，第 435 页。
③ 太宰春台『聖学答問』井上哲次郎、蟹江義丸編『日本倫理彙編』（六）、
　 285頁。
④ "内心は如何にもわれ、外面に禮義を守て犯さぬ者を君子とす"，太
　 宰春台『聖学答問』井上哲次郎、蟹江義丸編『日本倫理彙編』（六）、
　 285頁。

力行者，况仲弓孔门高弟，夫子何不知其仁，惟其有德而未见其功，则夫子亦不敢轻与其仁耳。①

又说：

仁乃凡百君子之所志，夫子何不敢焉。盖孔子言仁必以事功言，观《论语》中论仁诸章可见。夫子平日不敢轻与人仁，其敢轻自许乎？夫君子虽有仁心，苟不行其事，何以见仁之功？苟不见仁之功，则不敢轻称其仁。②

春台以上所说这两段话，具体显示他特重"仁"的效用，也显示他强调"功业"优先于"存心"的"功效伦理学"立场。

论述至此，我们可以问：日本儒者的"功效伦理学"是否潜藏着问题呢？

针对这个问题，我们可以提出以下两点：第一，日本儒者因为采取"功效伦理学"之立场，所以不能免于道德之工具化的危机，德行的"内在价值"（intrinsic value）在日本儒者的论述中，常常被忽视。

① 太宰春台『論語古訓外傳』嵩山房、延享二（1745）年刻本、第5卷、5頁。
② 太宰春台『論語古訓外傳』嵩山房、延享二（1745）年刻本、第7卷、24頁。

　　本章第二节比较日本儒者与朱子对于历史人物管仲与唐太宗的评论，已经发现日本儒者将朱子学中的"善如何可能？"这个问题，转换为"善行能产生何种效益？"这个问题。日本儒者称许管仲与唐太宗的政治功业，而不计其存心之是否良善。他们皆能同意：行为如能创造"利泽恩惠"，①即为善行。他们也同意：行为之是非对错，应取决于该行为所产生之结果。因此，日本儒者在称许管仲与唐太宗的功业之余，对于这两位历史人物人格上的瑕疵，可以予以搁置，存而不论。日本儒者的"功效伦理学"只问行为的结果而不论行为之过程或本质，因此，他们的伦理学常沦为政治学，所得实不能偿其所失。

　　第二，由于前项问题，日本儒者的"功效伦理学"很容易将人之生命的理想与现实混为一谈，使"实然"（to be，或"事实"）与"应然"（ought to be，或"价值"）之界限泯而不彰，在政治判断上采取"王霸同质论"，而与中国北宋时代功利学派的李觏、王安石气味相投，遥相呼应。②

　　总之，日本儒者的伦理学重"功效"而轻"存心"，常使他们不能据德以衡史，反而常常循史以迁德，终使"理想"为"现实"所出卖，失去人之生命的高度与厚度，使人沦为"一

---

①　荻生徂徕『論語徵』関儀一郎編『日本名家四書注釋全書・論語部5』、68頁。

②　我在拙作中已有所讨论，此处不再赘及，见黄俊杰《德川日本孟子学论辩中的管仲论及其相关问题》，收入《全球与本土之间的哲学探索：刘述先先生八秩寿庆论文集》，第407—436页。

度空间的人"（one-dimensional man）。

五　结论

本章探讨日本儒者的伦理学之特质及其问题。从本章的分析中我们可以提出以下几点结论。

第一，德川日本儒家虽然流派甚多、思想互异，但是，他们大多倾向采取"功效伦理学"之立场，而与宋儒朱子所坚持的"存心伦理学"构成强烈对比。日本儒者的"功效伦理学"之核心问题在于"善行能产生何种效果"，而不是"善的本质是什么"，也不是"善如何可能"。日本儒者（尤其是古文辞学派的荻生徂徕与太宰春台）倾向于主张：凡是具有普遍必然性的道德，必须见诸日用常行或政治施设之中。伊藤仁斋在人伦日用之中推崇《论语》为"最上至极宇宙第一书"，[①] 荻生徂徕以"安民"释"孔子之道"，[②] 太宰春台主张"仁""惟于事功上见之"，[③] 皆是同一思路之不同表述方式。从德川日本儒者将"善"等同于"安民"或"事功"而言，他们可以被视为犯了摩尔（G. E. Moore，1873—1958）所说

---

① 伊藤仁斋『論語古義』関儀一郎編『日本名家四書注釋全書・論語部1』、4頁。

② 荻生徂徕『論語徵』関儀一郎編『日本名家四書注釋全書・論語部5』卷乙、83頁。

③ 源了圓『近世初期實学思想の研究』、59頁、64頁。

的伦理学的"自然论的谬误"（the naturalistic fallacy）。① 从宇宙论或形而上学角度来看，日本儒者大多以"气一元论"批判中国朱子学的"理气二元论"与"伦理二元论"。他们将朱子学的"理在事上"转换为"理在事中"。

第二，日本儒者所采取的"功效伦理学"立场，使他们获得一把锐利的外科医师的手术刀（scalpel），可以深入宋儒（尤其是朱子）的哲学殿堂，解剖并割除朱子伦理学的形而上学基础。因此，日本儒者可以从"效用"的立场赋予"仁"与"道"以新诠，使儒学不只是一套"概念的游戏"（intellectual game），而成为一套有验可征的、源了圆先生所说的"实证性的实学"。日本儒者认为他们的这一套"功效伦理学"，不仅true，而且real。"功效伦理学"注重行为的效益，德川日本儒家的"功效伦理"，既重视"追求最大多数人的幸福或快乐"的边沁（Jeremy Bentham，1748-1832）所谓的"量的效益论"，又十分重视主张"快乐或幸福的质比量更为重要"的穆勒（John Stuart Mill，1806-1873）所说的"质的效益论"。②

第三，但是当德川日本儒者沾沾自喜于拆解宋儒伦理学中具有超越性的哲学殿堂之时，他们却也同时将"善"或"善

① 　G. E. Moore 定义"自然论的谬误"说："'Good,' then, denotes one unique simple object of thought among innumerable others; but this object has very commonly been identified with some other — a fallacy which may be called 'the naturalistic fallacy'." 参看 G. E. Moore, *Principia Ethica*, Cambridge: Cambridge University Press, 1960, p. viii.

② 　我曾与林维杰教授讨论过这项论点，获得他的启发，谨敬申谢意。

行"转化为达到其他目的（如"安民"）的工具，使"善"或"善行"的内在价值（intrinsic value）①晦而不彰，从而使"善"或"善行"失去其主体性与自主性。其间之得失诚不易言也。

（本章初发表于 2015 年 8 月 20 日至 21 日台大人文社会高等研究院主办的"日本儒学视域中的东亚伦理学"国际学术研讨会，收入本书曾大幅修订）

---

① 关于"内在价值"的含义，参看 G. E. Moore, ed. by William H. Shaw, *Ethics: And The Nature of Moral Philosophy*, Oxford: Clarendon Press, 2005, Chap. 7, pp. 116-131。

第六章

石介与浅见絅斋的中国论述
及其理论基础

一 引言

在 19 世纪中叶西方列强入侵东亚之前，中国是东亚世界最大的国家，也是东亚周边国家人民眼中不可避的"他者"，因此，"如何理解中国"一直是历史上东亚各国知识分子关心的重要课题。随着最近 30 年来中国政治、经济的发展，中国的动向更成为近 10 余年来国际知识界关心的问题。早在 1998年，《外交事务》（*Foreign Affair*）期刊就将该刊诸多探讨这个问题的文章，编成《中国的崛起》专书，[①] 近年来更有探讨"中国的崛起与帝国的记忆"[②] 或想象"当中国统治世界"[③] 之类问题的著作，当中国领导人提出中国梦的愿景之时，国际知识界固然出现许多站在中国立场说话的"中国代言人"（所谓

---

① Nicholas D. Kristof et al., eds., *The Rise of China*, Council on Foreign Affairs Inc., 1998.

② Charles Horner, *Rising China and Its Postmodern Fate: Memories of Empire in a New Global Context*, Athens: University of Georgia Press, 2009.

③ Martin Jacques, *When China Rules the World: The End of the Western World and the Birth of a New Global Order*, New York: Penguin, 2009; William A. Callahan and Elena Barabantseva eds., *China Orders the World: Normative Soft Power and Foreign Policy*, Baltimore: Johns Hopkins University Press, 2012.

Sino-speak)[1]一类的人士,但最近也有人悲观地预测中国崛起后将走向国强必霸的道路,将成为世界的重大挑战。[2]"中国"议题显然已成为 21 世纪国际政治界与知识界中举足轻重的问题。

在近代以前,东亚世界从 17 世纪以后有关"中国"的各种论述之中,主要以两种"中国"论述的对抗为其主流。第一种"中国"论述是中国自远古以来源远流长的以中国为中心的世界秩序观,最为完整的论述可以以 11 世纪上半叶北宋石介(字守道、公操,学者称徂徕先生,1005—1045)所撰的《中国论》为其代表。石介的《中国论》是自古以来"第一篇以'中国'为题的著名政治论文"。[3]中国知识分子以《中国论》为题的著作,直到 1943 年才再度出现于抗战最艰难时期的重庆。在日寇侵华,国难日深、国将不国的时代背景里,罗梦册(1906—1991)撰写《中国论》一书,以因应"吾人对于国家和民族之自我认识或自我再认识的要求"。[4]第二种论述,则从 16 世纪开始已见于日本与朝鲜知识分子的言论之中,而以 17 世纪下半叶号称"崎门三杰"之一的日本儒者浅见絅斋的《中国辨》为其代表。

---

① William A. Callahan, "Sino-speak: Chinese Exceptionalism and the Politics of History," *The Journal of Asian Studies*, Vol. 71, Issue 1, February 2012, pp. 33-55.

② John J. Mearsheimer, "Taiwan's Dire Strait," *National Interest*, Issue 130 Mar./Apr., 2014, pp. 29-39.

③ 葛兆光:《宅兹中国:重建有关"中国"的历史论述》,台北:联经出版事业公司,2011,第 41 页。

④ 罗梦册:《中国论》,商务印书馆,1943,引文见"自序",第 2 页。

本章的写作以石介的《中国论》与浅见䌹斋的《中国辨》为中心，析论近代以前东亚的两种"中国"论述之世界观与宇宙观，并比较两种论述之理论基础。

二　石介的中国论述及其宇宙观与世界观

石介的《中国论》文字虽短，但结构完整，论点明晰，基本上延续中国自古以来有关"中国"的自我意象的主要论点，可以归纳如下：

（一）中国居于宇宙之中心位置

石介的《中国论》一开始就宣称：

> 夫天处乎上，地处乎下，居天地之中者曰中国，居天地之偏者曰四夷。四夷外也，中国内也。天地为之乎内外，所以限也。[1]

当代学者根据古代文献与考古资料，大多同意"中国"这个名词大约出现于西周初年，[2]但是，所谓"居天地之中曰中国"，

---

[1] （宋）石介：《中国论》，收入《徂徕石先生文集》卷10，第116页。

[2] 于省吾（1896—1984）先生指出："中国"词称也源于西周武王时期，见于省吾《释中国》，收入胡晓明、傅杰主编《释中国》，上海文艺出版社，1998，第1515—1524页；曾亦：《内外与夷夏：古代思想中的"中国"观念及其演变》，收入曾亦、唐文明主编《中国之为中国：正统与异端之辩》，上海人民出版社，2012，第176页。

则不仅是古代中国的信仰，也是古代世界许多民族共同的宇宙观与世界观。古代中国人相信宇宙有一个中心点或中心轴，《吕氏春秋·有始览》："当枢之下无昼夜。白民之南，建木之下，日中无影，呼而无响，盖天地之中也。"①《山海经》也记载有树木名曰"柜格之松"，②都是古人想象中居世界之中枢位置的宇宙树之名称。《周礼·考工记》记载古人营建都城，"匠人建国，水地以县。置槷以县，视以景。为规，识日出之景与日入之景。昼参诸日中之景，夜考之极星，以正朝夕"，③必寻找地面的中枢，《周礼·大司徒》称之为"地中"。④《诗经》云："定之方中，作于楚宫。揆之以日，作于楚宫"，⑤描述古代中国人筑城时寻找地面的中心点，所反映的是神话学者所说的宇宙树的概念。古代中国城市建筑，显示春秋时代的城市基

---

① 许维遹：《吕氏春秋集释》卷13《有始览》，台北：鼎文书局，1977，第489—490页。

② "西海之外，大荒之中，有方山者，上有青树，名曰柜格之松，日月所出入也。"见（晋）郭璞注《山海经》卷16《大荒西经》，第67页。

③ （汉）郑玄注，（唐）贾公彦疏，李学勤主编《十三经注疏·周礼注疏》卷41《冬官·考工记》，北京大学出版社，1999，第1147—1149页。

④ 《周礼·大司徒》："以土圭之法测土深，正日景，以求地中，日南则景短多暑，日北则景长多寒，日东则景夕多风。日西则景朝多阴。日至之景尺有五寸，谓之地中：天地之所合也，四时之所交也，风雨之所会也，阴阳之所和也，然则百物阜安，乃建王国焉，制其畿方千里而封树之。"见《十三经注疏·周礼注疏》卷10《地官·大司徒》，第250—253页。

⑤ （汉）毛亨传，（汉）郑玄笺，（唐）孔颖达疏，李学勤主编《十三经注疏·毛诗正义》卷3《国风·墉风·定之方中》，北京大学出版社，2000，第232页。

本上是祭祀的中心，[1] 反映古代中国文明追求"神的世界"与
"人的世界"的和谐。[2]

　　20 世纪伟大的神话学家与宗教史家伊利亚德（Mircea
Eliade，1907-1986）曾说：古人所认识的"实在"是模仿上
天的原型。"实在"只有在参与"中心之象征"之后，才能展
示出来，古人相信城市、寺庙、家屋等唯有与"世界的中心"
合一后，才能成为真实。古代文明的仪式及重要的世俗行事所
以能获得并体现其意义，乃因它们都是重复诸神、英雄和先祖
们在文明创始之际所设定的行为。[3] 很多古代文明的城市和寺
庙都具备"中心"的特殊性，伊利亚德说这种作为宇宙中心的
象征体系，通常包括三点：

　　1. 圣山——天地交会之处——位于世界中心。

　　2. 所有的寺庙与宫殿——扩而充之，所有的圣城与王
居——皆是圣山，因此也都是中心。

　　3. 圣城、寺庙等乃是宇宙之轴，为天、地、地下三界交
会之点。[4]

　　伊利亚德所说的各古代文明所信仰的"圣山"或宇宙树，

---

① Paul Wheatly, *The Pivot of the Four Quarters: A Preliminary Enquiry into the
Origins and Character of the Ancient Chinese City*, Chicago: Aldine Publishing
Company, 1971, p. 479.

② Paul Wheatly, *The Pivot of the Four Quarters: A Preliminary Enquiry into the
Origins and Character of the Ancient Chinese City*, p. 436.

③ 〔美〕M. 埃利亚德：《宇宙与历史——永恒回归的神话》，杨儒宾译，台北：
联经出版事业公司，2000，第 3—4 页。

④ 〔美〕M. 埃利亚德：《宇宙与历史——永恒回归的神话》，杨儒宾译，第 9 页。

就是世界的中心，可以沟通神圣世界与世俗世界，而"中"正是指两个世界沟通的中枢。石介说："居天地之中者曰'中国'"，其实就是自远古以来包括中国文明在内的很多古文明的共同信仰，认为统治者在政治或宗教领域必须居中，才能掌握权力的神圣性，"中国"一词也具有世界的中心之含义。

（二）中国是文化与道德的发源地

石介的《中国论》第二段接着说：

> 夫中国者，君臣所自立也，礼乐所自作也，衣冠所自出也，冠昏祭祀所自用也，缞麻丧泣所自制也，果瓜菜茹所自殖也。稻麻黍稷所自有也。东方曰"夷"，被发文身，有不火食者矣；南方曰"蛮"，雕题交趾，有不火食者矣；西方曰"戎"，被发衣皮，有不粒食者矣；北方曰"狄"，毛衣穴居，有不粒食者矣。其俗皆自安也，相易则乱。①

石介以上这一段话，是远古以来中国的"自我意象"。"中国"一词既指地理的、政治的中心，又指文化的中心。②

① （宋）石介：《中国论》，收入《徂徕石先生文集》卷10，第116页。
② 参看 Michael Loewe, "The Heritage Left to the Empires," in Michael Loewe, Edward I. Shaughnessy eds., *The Cambridge of Ancient China: From the Origins of Civilization to 221 B.C.*, Cambridge: Cambridge University Press, 1999, pp. 992-995。

　　我过去曾指出："中国"一词的含义"到了《左传》《公羊》《穀梁》等《春秋》三传之中，'中国'一词就取得了丰富的文化意涵，常在华夷之辨的文化脉络中提出'中国'之概念。"①在战国时代的文献中，"中国"一词指文化之中心地与发源地，已经成为当时中国人的共识。《战国策·赵策》云：

　　　　中国者，聪明睿知之所居也，万物财货之所聚也，贤圣之所教也，仁义之所施也，诗书礼乐之所用也，异敏技艺之所试也，远方之所观赴也，蛮夷之所义行也。②

石介上述说法渊源有自，前一句与《战国策》神似，显示"中国中心主义"，而将四邻称为"夷""蛮""戎""狄"这一段文字实出自《礼记·王制》，③建立起一个"以中国为中心的世界秩序观"。

---

　　①　黄俊杰：《论中国经典中"中国"概念的涵义及其在近世日本与现代台湾的转化》，收入氏著《东亚文化交流中的儒家经典与理念：互动、转化与融合》，第85—98页。

　　②　（汉）刘向编，（汉）高诱注《战国策》卷19《赵二》，台北：艺文印书馆，1969，第369页。《史记·赵世家》亦引用这一段"中国"的"自我意象"。

　　③　《礼记正义》："东方曰夷，被发文身，有不火食者矣。南方曰蛮，雕题交趾，有不火食者矣。西方曰戎，被发衣皮，有不粒食者矣。北方曰狄，衣羽毛穴居，有不粒食者矣"。见（汉）郑玄撰，（唐）孔颖达疏，李学勤主编《十三经注疏·礼记正义》卷12《王制》，北京大学出版社，1999，第398—399页。

（三）中国的地理建制和政治建制与宇宙的建制相应，具神圣性

石介《中国论》第三段这样论述：

> 仰观于天，则二十八舍在焉；俯察于地，则九州分野在焉；中观于人，则君臣、父子、夫妇、兄弟、宾客、朋友之位在焉。非二十八舍、九州分野之内，非君臣、父子、夫妇、兄弟、宾客、朋友之位，皆外裔也。二十八舍之外干乎二十八舍之内，是乱天常也；九州分野之外入乎九州分野之内，是易地理也；非君臣、父子、夫妇、兄弟、宾客、朋友之位，是悖人道也。苟天常乱于上，地理易于下，人道悖于中，国不为中国矣。[①]

石介所说天有"二十八舍"的说法出自《史记·天官书》，"二十八舍主十二州，斗秉兼之，所从来久矣"，[②]《尚书·禹贡》记载天之分野有九，地上亦分为九州，[③]《吕氏春秋·有始览》亦有"天有九野，地有九州"[④]之说。

---

① （宋）石介：《中国论》，收入《徂徕石先生文集》卷 10，第 116 页。
② （汉）司马迁撰，（刘宋）裴骃集解，（唐）司马贞索隐《史记》卷 27《天官书》，第 1346 页。
③ "禹别九州，随山浚川，任土作贡。禹敷土，随山刊木，奠高山大川"，见（汉）孔安国撰，（唐）孔颖达疏，李学勤主编《十三经注疏·尚书正义》卷 6，北京大学出版社，1999，第 132—133 页。
④ 许维遹：《吕氏春秋集释》，第 480 页。

综上所说，在北宋初期石介的"中国"论述之中，"中国"不仅居于宇宙之中心，而且是文化与道德的发源之地，更与天上的神圣空间互相符应，有其不可变易的神圣性。这样的高度理想性的"中国"论述，提出时的历史背景正是北方游牧民族对中原威胁日增的时代，以中国为中心的"天下"世界观遭遇挑战与挫折，国族危机日甚一日，这种"中国论"的提出，正是当时知识分子焦虑心情的具体表现。①

三　浅见絅斋的中国论述之重要命题

17 世纪下半叶及 18 世纪初叶的浅见絅斋所撰的《中国辨》，②是整个东亚周边国家知识分子所提出的中国论述中最具代表性的文章。浅见絅斋与晚生于他约 80 年的朝鲜洪大容（1731—1783）一样，都致力于批判并解构"华夷论"。③浅见絅斋的"中国"论述实以茁壮中的日本主体性之觉醒，作为其

---

① 葛兆光：《宅兹中国：重建有关"中国"的历史论述》，第 41—42 页。

② 据近藤启吾考证，《中国辨》撰成于元禄十四年（1701）辛巳十一月，浅见絅斋时年 50 岁。〔日〕近藤啓吾「浅見絅斎先生年谱」『東洋文化研究所紀要』第 4 辑、1953 年 3 月、67—79 頁，此条见 73 页。关于浅见絅斋的《中国辨》，最新的研究论文是〔日〕藤井伦明《日本山崎闇斋学派的「中国／华夷」论探析》，《台湾东亚文明研究学刊》第 12 卷第 1 期。藤井先生特别强调絅斋特重"名分论"立场析论"中国"或"华夷"之概念。

③ Park Hee-byoung, "Asami Keisai and Hong Daeyong: Dismantling the Chinese Theory of the 'Civilized' and 'Uncivilized'," *Seoul Journal of Korean Studies*, Vol. 17, 2004, pp. 67-113；박희병：《淺見絅齋와 洪大容：中華的華夷論의 解體樣相과 그 意味》，《大東文化研究》2002 年第 40 辑。

思想史的脉络。

在浅见絅斋之前的 16 世纪末及 17 世纪上半叶的日本朱子学者林罗山就已经宣称：

> 日本与中华虽殊域，然在大瀛海上，而朝暾旭辉之所焕耀，洪波层澜之所涨激，五行之秀，山川之灵，钟于人物，故号："君子之国"。昔治教清明之世，才子智人辈出于间，气岂让异域乎？时有古今，理无古今，豪杰之士，虽无文王犹兴起，故尚立志。①

林罗山从学于藤原惺窝（1561—1619），曾任德川家康（在位于 1603—1605 年）的侍讲，他强调日本与中国虽然殊域，但可称"君子之国"，其"气岂让异域乎？"接着，生年早于浅见絅斋 30 年的儒学者与兵学家山鹿素行宣称日本"神明之洋洋，圣治之绵绵，焕乎文物，赫乎武德，以可比天壤也"。②山鹿素行更宣称日本才是真正的"中国"，他说：

> 本朝（指日本）为中国之谓也，先是天照大神在于天上，曰闻苇原中国有保食神，然乃中国之称自往古既有此也。……愚按：天地之所运，四时之所交，得其中，则风

---

① 林羅山著，京都史蹟会編纂『林羅山文集』株式会社ぺりかん社、1979、卷 73、914—915 頁。

② 山鹿素行『中朝事実』広瀬豊編『山鹿素行全集：思想篇』、226 頁。

雨寒暑之会不偏，故水土沃而人物精，是乃可称中国，万
邦之众唯本朝得其中，而本朝神代，既有天御中主尊，二
神建国中柱，则本朝之为中国，天地自然之势也。[①]

我们可以说，17 世纪以后日本知识分子的各种言论明确地显
示：日本主体性业已成熟。泊乎 20 世纪，日本的汉学大师内
藤湖南（1866—1934）在 1914 年撰写《支那论》，又在 1924
年撰写《新支那论》，也是站在日本主体性的立场，有意扮演
中国的"监护人"的角色，虽然前后两篇《支那论》态度略有
不同，但都有意为 20 世纪初年政局动荡的中国，指示未来应
采取的新动向。[②]

到了 18 世纪，日本主体意识已全面觉醒，例如伊东蓝田
就宣称："独我日本，虽越在海东，自剖判以迄于今，天子一
姓，传之无穷，莫有革命"，[③] 颇以日本之政体而自豪，充分显
示 18 世纪日本意识的壮大。[④] 正是在日本主体性茁壮的思想
氛围与脉络之中，浅见絅斋撰写了《中国辨》。这篇文字的要

---

① 山鹿素行『中朝事実』広瀬豊編『山鹿素行全集：思想篇』、234 页。
② 这两篇论文均收入内藤湖南『内藤湖南全集』筑摩書房、1969—1976、
　第 5 册，参见陶德民『明治の漢学者と中国　安繹・天囚・湖南の外交論
　策』関西大学出版部、2007、241—251 页。
③ 伊東藍田著，奈良髦編『藍田先生湯武論并附録』関儀一郎編『日本儒
　林叢書. 論弁部』、卷 4、第 2 页。
④ 我在别文中对 18 世纪日韩主体意识之成熟有所论述，参考黄俊杰《十八
　世纪东亚儒者的思想世界》，收入氏著《东亚文化交流中的儒家经典与理
　念：互动、转化与融合》，第 61—84 页。

点可以归纳如下：

第一，浅见絅斋批判日本儒者接受华夷之辨并以夷狄自居，是一种日本主体性的错置，他说：

> 中国夷狄之名，久行于儒书之中。因此，儒书盛行于吾国，读儒书者即以唐为中国，以吾国为夷狄，甚至有人后悔、慨叹自己生于夷狄之地。甚矣！读儒书者已丧失了读书之法，亦不知名分大义之实，至可悲也。夫天包罗地，地往往无所不戴天。然则各受土地风俗的约束之处，各是天下之一分，互无尊卑贵贱之嫌。唐地、九州之分，自古以来，风气确实互相开放，言语风俗相通，自然是一天下也。在四方周边而风俗不同之处，各有其异形异风体制之国；在近于九州而翻译可达之处，就唐地而言，自然看似边境。因而至今一直以九州为中国，称周边为夷狄。不知此，一看儒书以外国为夷狄，以为所有外国皆是夷狄，不知吾国固与天地共生，非待他国形成而成，甚为错误也。①

浅见絅斋认为中国与周边国家各有其土地与风俗，"各是天下之一分，互无尊卑贵贱之嫌"，日本更是与天地共生，不待他

---

① 浅见絅斋「中国辨」吉川幸次郎等编『日本思想大系·31·山崎闇斋学派』岩波書店、1980、416頁。《中国辨》原稿系古日文，以下中译均为本书作者所译，感谢工藤卓司教授与池田晶子女士指导并协助解读，中文译文如有欠妥之处，系本书作者之责任。

国之认可才能成立。浅见絅斋并进一步强调：日本自天地开辟以来正统不绝，万世君臣之纲纪绵延不断，社会风俗良善，圣贤屡出，道德高尚，中国儒者所学固然是"天地之道"，日本儒者所学亦是"天地之道"，初无所谓大小之问题。①

第二，浅见絅斋指出因为太阳沿着赤道转动，所以世界无处不是中心，而所谓"中国"更是随时在移动之中。浅见絅斋指出，中国南方吴楚之地，在孟子时代是蛮夷之地，但是，到了秦汉时代已经是中国的一部分，朱子更是福建人。浅见絅斋结论是：以唐为中国，以边地为夷狄，实不合理。浅见絅斋这一项论点，其实是 18 世纪日本儒者的共识，例如上月信敬（专庵，1704—1752）就说："夫天地广大寥廓而无际限，是以天地之中，无一定之中，则所居之民，各中其国、华其国，是天地自然，非人为也。"②18 世纪日本知识分子的共识是天地"无一定之中"，各国均可以自称"中国"。

第三，浅见絅斋提出《春秋》之道就在于建立各自国家的大一统。他说：

> 在吾国认识《春秋》之道，吾国即主也。若吾国为主，就成功天下大一统，而从吾国见他国，此即孔子之

---

① 浅見絅斎「中国辨」吉川幸次郎等編『日本思想大系・31・山崎闇斎学派』、416—417 頁。

② 上月信敬『徂徕学则辨』（此书写成于 1751 年）関儀一郎編『日本儒林叢書』、第 4 册、14 頁。

旨。不知此，因读唐书而成为偏爱唐者，总是受其影响，以唐之角度而视日本为夷狄，此绝非孔子《春秋》之旨也。若孔子生于日本，应从日本之角度而立《春秋》之旨，乃可称善学于《春秋》者也。果如此，今读《春秋》而谓日本为夷狄者，并非因为《春秋》害儒者，而是不善读《春秋》者害《春秋》也。此即胶柱鼓瑟之学，完全不知穷理之法者也。①

既然《春秋》之道就在于建立各国的大一统，浅见絅斋认为日本派遣唐使就是一种历史的错误，他说：

　　日本自古以来派遣唐使，亦在足利时代末年拜受唐的诏敕，皆是不知名分之错误也。若以附属于唐为吉，则废止吾国帝王之号，亦不用年号，每年皆身为唐之侍仆而匍匐在地，不可抬头，此当是大义。果如此，此是与吾亲为人之奴仆，并附上乱贼之名而加以欺侮卑视同之大罪也。各国各治其德，道即行于各国，意甚恰当。汉唐以来，不顾德之是非，总是称赞唐之附庸为善国，皆是出之于以唐为主的观点。吾国也以吾国为主，若他国服从，宜抚慰之，并非此方所强迫。由此，从中国试图争夺日本乃是错误的，从日本试图争夺中国亦不可能。

---

① 浅見絅斋「中国辨」『日本思想大系・31・山崎闇斋学派』、418 頁。

又如三韩，是吾国征伐后服从之国家，因为如此，今派
使于吾国归服，此是吾国之功绩也。另一方面，从三韩
而言，立各国为主，此乃彼功绩也。纵使勉强，亦不使
他人批其父之脸，是其子之功绩也；不使他人批其亲之
脸，是人之亲之功绩也。各人以其国为国，以其亲为亲，
是天地之大义，并行而不相违背者也。①

浅见絅斋所强调的是：中国与日本的关系应为并立原则而不是
从属原则，所谓"各人以其国为国，以其亲为亲""并行而不
悖"者是也。他在《中国辨》一文最后更强调日本儒者所说的
华夷之辨，已经背离《中庸》因时因地而制宜之精义。②

　　总之，在浅见絅斋的论述中，天下处处可为"中心"，而
"中国"的含义及范围更因时而变。因此，中国与日本互动的
原则应是并立原则，而不是从属原则。他认为日本儒者虽读儒
书，而未能正确体认《春秋》之宗旨。

四　东亚近世两种中国论述的比较

　　以上所说的石介与浅见絅斋为代表的近世东亚的两种中国
论述，都有其未经明言的（tacit）理论预设，我们进一步比较
这两种中国论述的理论预设之差异。

---

① 浅見絅斎「中国辨」『日本思想大系・31・山崎闇斎学派』、418—419
　　頁。本段引文之中译承蒙藤井伦明教授指正、校订，谨敬申谢意。
② 浅見絅斎「中国辨」『日本思想大系・31・山崎闇斎学派』、419頁。

　　第一，在石介的中国论述中，作为"中心"的"中国"，是天造地设、固定不变的，"中国"与"边陲"的疆界有其不可逾越性，"中国"不仅是东亚国际秩序中唯一的"中心"，而且是宇宙的"中心"，所谓"居天地之中者曰中国，居天地之偏者曰四夷"①者是也！在石介看来，"中国"与"四夷"是"内"与"外"的关系，这是因为"地为之乎内外，所以限也"，②宇宙的"本然"（to be）就是世界的"应然"（ought to be）。在石介的世界观中，"所以然"与"所当然"是绾合为一的。

　　从石介所主张的"中心"的固定化再进一步推论，整个东亚世界恍如一个交响乐团，居于"中心"位置的国家"中国"就是总指挥，居于"边陲"位置的"四夷"，必须听从总指挥的指挥，乐团才能顺畅地演奏出悠扬的乐曲。

　　再从更深一层来看，石介的中国论述建立在二元对立（binary）的理论基础之上，"中国"与"四夷"、"内"与"外"互为光谱之两端，界限分明，绝不混淆。历代正史的《四夷传》就是这种二元对立的世界观在历史写作上的表现。③再从二元对立之中，引申出"伦理的二元性"（ethical duality）或"道德的二元性"（moral duality）的预设，主张"中国"居于道德的发源地与最高点，"四夷"则道德低下。

---

①　（宋）石介：《中国论》，收入《徂徕石先生文集》卷10，第116页。
②　（宋）石介：《中国论》，收入《徂徕石先生文集》卷10，第116页。
③　直到蒙古人入主中原，元朝的史臣修宋、辽、金三朝正史，才将《四夷传》改为《外国传》或《蛮夷传》。

　　相对于石介的中国论述，东亚周边国家如日本与朝鲜许多知识分子的中国论述中未经明言的理论预设就是：世界以及宇宙的"中心"并不是固定不动或一成不变的。所谓"中国"并不是地理上的"中国"所独占，浅见絅斋说："在吾国认识《春秋》之道，吾国即主也"[1] 这句话的意思是说：依《春秋》的大义名分论，在日本就应以日本为主体，以日本为"中国"；其他国家的人也以他们各自的国家为"中国"。

　　其实，这种世界观是近世日本与朝鲜知识分子的共识。17 世纪的山鹿素行认为日本风土优越、人才辈出，日本才是"中国"。[2] 与浅见絅斋同时代的佐久间太华（？—1783）更明言日本"得其中"，政治安定，所以应称为"中国"。[3] 事实上，不仅日本知识分子提出这种世界观，晚于浅见絅斋约一百年的 18 世纪朝鲜儒者丁若镛也强有力地宣称：在世界上"无往而非中国"！[4]

　　近世东亚周边国家知识分子随着 17 世纪以后各国主体性的觉醒而建构的世界观，实以"中心"之可移动性作为理论预设。在这种理论预设之下，他们眼中的东亚世界恍如一个众声喧哗的剧场，剧场上的每一个演员都有其特定的角色，东亚每

---

[1]　浅見絅斎「中国辨」『日本思想大系 ·31· 山崎闇斎学派』、418 頁。

[2]　山鹿素行『中朝事実』『山鹿素行全集：思想篇』、234 頁。

[3]　佐久間太華『和漢明弁』関儀一郎編『日本儒林叢書 · 論弁部』、「序」、1 頁。

[4]　〔韩〕丁若镛：《文集序 · 送韩校理使燕序》，收入《（校勘 · 标点）定本与犹堂全书》第 2 册，第 393—394 页。

一个国家都有其主体性。

第二，石介的《中国论》潜藏着"中心"对"边陲"的支配性原理，"边陲"必须以"从属原则"服事"中心"，因为"中心"优先于"边陲"，并且比"边陲"重要。相对而言，以浅见絅斋为代表的中国论述则强调"中心"与"边陲"互动的"并立原则"，"中心"与"边陲"的界限模糊化，随时可以移动。在包括浅见絅斋在内的 18 世纪日韩地区知识分子的中国论述中，所谓"中国"这个名词只不过是一个符号，解读者可以在"中国"这个符号中注入不同的意义（meaning），掌握"《春秋》之道"（浅见絅斋之语）或"得其中"（佐久间太华之语）的国家就可以成为"中心"，他们认为"中国"的意义不能由地理上的实体"中国"所垄断或宰制。

第三，石介的中国论述中，主张"中国"之作为道德原发地是先天的、生就的（ascribed），这是"常道"，反之则为"怪"。[①] 相对而言，浅见絅斋的中国论述则强调"中国"这个符号所承载的价值理念是后天的、是习得的（achieved），掌握"春秋之道"或"孔子之道"的国家，就可以称"中国"。

但是，浅见絅斋所谓"春秋之道"一词的含义需要进一步分疏。浅见絅斋所说的"春秋之道"，其实是指"名分论"，他在《中国辨》中说：

---

① 石介另有《怪说》一文申论此义，见《徂徕石先生文集》卷 5，第 60—63 页。

在名分之学，先不用谈道德的高低等问题，检讨如何建立框架这件事才是第一个重要的问题。因此，不管德性的高低，即使像瞽瞍那种顽固的人，对舜而言，他无非是天下独一无二的父亲。就舜的立场而言，没有因为其父"不德"，所以蔑视他，试图将他放在天下其他父亲的下面这种道理。①

"名分"先于德行，这是浅见絅斋所强调的"春秋之道"，所以，他认为生而为日本人，就必须认日本为"中国"，这与日本的文化之优劣无关。在《絅翁答迹部良贤问书》中，浅见絅斋说：

文物礼学之开不开此一问题，由于风土之体的厚薄，与主客之大义无关的事情。……关于日本的风俗，日本维持正统的王朝，廉耻义气也的确存在，有这种其他国家比不上的优点，但并非因为有此种文化上的优点，所以才将日本称为"中国"。这与谁无论是贤或愚、贵或贱，若他是自己的父母，我们将他作为父母加以尊重这件事同样的道理。②

---

① 浅見絅斎「中国辨」『日本思想大系・31・山崎闇斎学派』、416 頁。
② 浅見絅斎「絅翁答跡部良賢問書」田崎仁義解題『浅見絅斎集』誠文堂新光社、1937、260 頁。承蒙藤井伦明教授提示我这一条史料，衷心感激，谨致谢意。

浅见絅斋认为依"春秋之道",生为日本人就必须以日本为中心,称日本为"中国",一如生而为子女就必须敬重父母。依此原则,每一个国家均可以自称"中国","中国"一词就成为世界各国均可使用的共名。浅见絅斋所采取的立场,可以称为一种以《春秋》大义的"名分论"为基础的"文化多元论"与"政治多元论"。

五　结论

本章以 11 世纪中国的石介以及 17 世纪日本的浅见絅斋为代表,探讨东亚近世两种中国论述,并比较两种中国论述背后的理论基础,可以提出以下几点结论性的看法。

第一,两种中国论述都在"自我""他者""政治""文化"四个象限的互动之中提出、磋商并移动。这四个象限中的每一个象限都互有连动关系,并以"文化"这个象限最为重要,[①]而且这四个象限的互动都深深地牵动着论述者的情感与认同。例如浅见絅斋的论述策略,就是以"文化"为杠杆,移动或解构"政治"中心的世界观之结构。这四个象限的互动都与论述者个人的情感,具有千丝万缕的关系。论述者的情感投射,深深地牵动着"文化认同"与"政治认同"的走向,更牵动论述者的"自我"形象的建立与重构。但是,"文化认同"

---

① 参考郑开《论"中国意识"的思想史建构》,收入《思想史研究》第 9 辑,第 29—88 页。

又常常涉及"文化的民族主义",极易被转化为"政治的民族
主义"。①

　　第二,两种中国论述都涉及"中心"与"边陲"之间的
界限。如果 11 世纪的石介在当时的宋政权的政治危机催迫之
下,要求"中心"与"边陲"的界限有形化、固定化,②那么,
17 世纪日本的浅见絅斋正是在日本的政治与文化主体意识成
熟的时代背景之中,将"中心"与"边陲"之有形的疆界予以
"解疆界化",并对僵固的界限赋以流动的内涵,将所谓"中
国"一词赋予新的含义,以争取对"中国"一词的解释权。

　　第三,不论是 11 世纪中国的石介或是 17 世纪日本的浅
见絅斋,都在 19 世纪中叶以前中国所建构的"天下"秩序
中,提出"中国"论述。在 19 世纪中叶以前东亚世界的"天
下"秩序观中,中国尚未迈入现代国际政治秩序之中而成为

---

① 不仅中日两国如此,越南史书(如《大越史记全书》)中,儒臣吴士连、
黎广度、莫玉辇等人皆有中国、中夏一夷狄的用语及意识。参考钟彩
钧《黎贵惇〈大越通史〉的文化意义》,收入钟彩钧主编《黎贵惇的学术
与思想》,台北:"中央研究院"文哲所,2012,第 57—86 页。又,后黎
朝至阮朝时期的文人李文馥(1785—1849)亦有《夷辨》的辩解,以为
越人并非夷人,越使不入夷使公馆。参见陈益源《周游列国的越南名儒
李文馥及其华夷之辨》,收入陈益源《越南汉籍文献述论》,中华书局,
2011,第 229—232 页。承蒙林维杰教授提示我上述两篇论文,谨致谢
意。

② 石介在《中国论》中,提出解决他的时代华夷杂处的危机的方法是:"各
人其人,各俗其俗,各教其教,各礼其礼,各衣服其衣服,各居庐其居
庐。四夷处四夷,中国处中国,各不相乱,如斯而已矣。则中国,中国
也;四夷,四夷也。"见(宋)石介《中国论》,收入《徂徕石先生文集》
卷 10,第 117 页。

现代国家社群中的一分子。但是，在 19 世纪中叶的鸦片战争以后，中国进入世界国家之林，[①] 于是，中国作为"文明国家"（civilization state）[②] 与中国作为"主权国家"（sovereign state）之间不免出现难以愈合的紧张关系，使 21 世纪的新的"中国"论述，在"自我"/"他者"、"政治"/"文化"的复杂拉锯之间更加复杂，也需要更细致的一套言说，才能因应 21 世纪多极的国际新秩序的挑战。

（本章内容曾发表于 2014 年 7 月 24 日至 25 日台大人文社会高等研究院主办的"东亚视域中的'中华/中国'"国际学术研讨会，收入本书时曾大幅修订）

[①] Immanuel C. Y. Hsu, *China's Entrance into the Family of Nations: The Diplomatic Phase*, Cambridge, MA.: Harvard University Press, 1960.

[②] 最近 Martin Jacques 甚至主张应将 21 世纪的中国视为"文明国家"而不是近代以来西方的"主权国家"，见〔英〕马丁·雅克《当中国统治世界》，李隆生译，台北：联经出版事业公司，2010，第 12 页。

第七章
东亚儒家教育哲学及其对 21 世纪的新启示

一 引言

儒家是东亚地区所有思想学派中最重视教育的主流学派。17 世纪德川日本（1603—1868）古学派大师伊藤仁斋曾尊称《论语》为"最上至极宇宙第一书"，[①]《论语》是先秦孔门师生心灵对话的真实记录。《论语》开篇第一句话就是"学而时习之，不亦说乎"（《论语·学而·1》），[②]孔子揭示了一个以迈向心灵的悦乐为目标的儒家教育哲学的愿景，孟子说："乃所愿，则学孔子也"（《孟子·公孙丑上·2》），[③]荀子（公元前298—前238）之书第一篇即为《劝学》。[④]"学"之一字在《论语》共出现 64 次，明儒刘宗周（1578—1645）说："'学'字是孔门第一义"，[⑤]确属真知灼见。自孔子以降，2600 多年来东亚各地伟大的儒者，同时都是伟大的教育家，他们通过教育事

---

① 伊藤仁斋『論語古義』関儀一郎編『日本名家四書注釋全書·論語部 1』、4 頁。亦见于伊藤仁斋『童子問』井上哲次郎、蟹江義丸編『日本倫理彙編』（五）、78 頁。

② （宋）朱熹：《论语集注》卷 1，收入《四书章句集注》，第 47 页。

③ （宋）朱熹：《论语集注》卷 1，收入《四书章句集注》，第 234 页。

④ 见（清）王先谦撰，沈啸寰、王星贤点校《荀子集解》卷 1，第 1 页。

⑤ （明）刘宗周：《论语学案》卷 1，收入《文渊阁四库全书》，台北：台湾商务印书馆，1986，影印本，第 1 页。

业，尤其是民间的书院讲学，具体落实儒学作为当代哲学家劳思光先生所谓"引导的哲学"（"orientative philosophy"或"philosophy as proposal"）[①] 的特质。

本章探讨东亚儒家教育哲学的重要面向，并申论其对 21 世纪的新启示。本章以孟子、朱熹、王阳明以及若干日韩儒家学者的论述为中心，并以中、日、韩的儒家书院学规为实例，讨论儒家教育哲学的实践，紧扣下列问题展开分析：什么是教育？教育如何可能？儒家教育理念如何在教学场域落实？具体教学方法如何？东亚儒家教育哲学对 21 世纪教育有何新启示？

二　什么是教育

"教育"的定义、内容与方法，常常与时俱进、因地制宜，在当代西方教育学界，"教育"一词极具"争议性"（contestability），主要是由于加诸"教育"之上的社会所建构的价值与脉络互异，但更重要的是"教育"的定义混淆。[②] "教育"的定义虽然言人人殊，但是，最好的教育必然建立在某些

---

① 参看劳思光《中国哲学史》（三下），台北：三民书局，1981，第 894—895 页；Lao Sze-kwang, "On Understanding Chinese Philosophy: An Inquiry and a Proposal," in Robert E. Allinson ed., *Understanding the Chinese Mind: The Philosophical Roots*, Hong Kong: Oxford University Press, 1989, pp. 265-293；劳思光：《对于如何理解中国哲学之探讨及建议》，《中国文哲研究集刊》创刊号，1991 年 3 月。

② David Carr, "Education, Contestation and Confusions of Sense and Concept," *British Journal of Educational Studies*, Vol. 58, No. 1, March 2010.

理性上有其一致性的教育观之上，而且并不是所有有关"教育"的定义，皆具有同等的价值。[①] 对于东亚儒家教育家来说，所谓"教育"有其恒常不变的内容与目标，就是致力于"自我"的转化与提升。

孔子首先提倡"有教无类"之教育宗旨，[②] 使教育从西周王官之学走向春秋时代平民之学。孟子在孔子教育思想的基础上，发展他的教育思想。在孟子教育思想中，"教育"是一种内省的自得之学。孟子的教育思想侧重向内深思，而不是向外追求。孔孟思想中教育的目的都在于唤醒受教育者的"自我"的主体性，而孟子的论述尤为深入。

首先，孟子心目中的教育是一种"整体性的教育"（holistic education），孟子的教育哲学聚焦于"自我的觉醒"，[③]这项"整体性的"教育宗旨建立于三个重要命题之上：第一，生命有其"整体性"；第二，"个人""社会""宇宙"之间有其连续性；第三，"自我完成"必须在多层次之间连续进行。更进一步分析，孟子思想中的"自我"发展的"连续性"有两种意义。第一种意义是"发展的连续性"，也就是从

---

① David Carr, *Making Sense of Education: An Introduction to the Philosophy and Theory of Education and Teaching*, London and New York: Routledge Falmer, 2003, p. 3.

② （宋）朱熹：《论语集注》卷 8，收入《四书章句集注》，第 168 页。

③ 笔者在拙文中，对这一点有所发挥，参看 Chun-chieh Huang, "Mencius' Educational Philosophy and Its Contemporary Relevance," *Educational Philosophy and Theory*, Vol. 46, No. 13, December 2014。

个人、社会到宇宙，是一个连续开展的生命历程。因此，孟子认为"自我"体现了既内在又超越的特质。当一个人越了解"自我"就越能了解宇宙中深刻的道理；孟子思想中的"自我"的"连续性"的第二种意义是"结构的连续性"。孟子认为个人、社会和宇宙之间，具有彼此渗透、交互作用的关系。一个人"尽心"就能"知性"，"知性"以后就能"知天"。正如《孟子·离娄·12》所说："诚者，天之道也。思诚者，人之道也。"[1]"诚"是沟通"人道"与"天道"的力量。

　　孟子认为教育的目的在唤醒"自我"主体性的觉醒。孟子引用伊尹之言曰："天之生此民也，使先知觉后知，使先觉觉后觉也……"（《孟子·万章上·7》），朱熹注曰："知，谓识其事之所当然。觉，谓悟其理之所以然。觉后知后觉，如呼寐者而使之寤也。"[2]孟子认为人与禽兽不同的地方，在于人的本性具有仁义等价值判断的能力，仁义等价值理念是内在的，而"教育"则是一种"唤醒"（孟子所谓"觉"）主体性的过程，孟子认为每个人内在的道德感皆与生俱来。孟子说："虽存乎人者，岂无仁义之心哉？……"（《孟子·尽心上·36》）[3]所以孟子强调人必须养"浩然之气"，以长养其本有的"良心"。人的外表是天生的，但一个有修养的人，就能将其内在的心性修

---

①　（宋）朱熹：《孟子集注》卷 7，收入《四书章句集注》，第 282 页；并参考黄俊杰《孟学思想史论·卷一》，第 2 章，台北：东大图书公司，1991，第 29—68 页。

②　（宋）朱熹：《孟子集注》卷 9，收入《四书章句集注》，第 310 页。

③　（宋）朱熹：《孟子集注》卷 11，收入《四书章句集注》，第 331 页。

养，经由外在的言行举止显现出来，使精神修养获得具体化，这就是孟子所谓的"践形"。①

孟子强调受教育者主体性之唤醒，也就是以"觉"为核心工作的教育哲学，成为传统中国教育思想的核心价值。两千年来中国的儒家教育传统在东亚地区蔚为主流。孟子说："善政，不如善教之得民也。善政民畏之，善教民爱之；善政得民财，善教得民心。"（《孟子·尽心上·14》）②孟子又说："城郭不完，兵甲不多，非国之灾也；田野不辟，货财不聚，非国之害也。上无礼，下无学，贼民兴，丧无日矣。"（《孟子·离娄上·1》）③孟子也强调教育是善政之核心工作，教育的边际效用就是政治的清明。

儒家教学内容的特色是以经典及其价值理念为主。孟子的教学方法是一种"入乎其内"，而不是"出乎其外"的教育方式。儒家教育的目的是人格的培养，而不是追求功名利益，教学目标特重人格养成而不是职业训练。更深入来看，儒家教育的核心价值在于唤醒学习者的心灵，因为"自我"觉醒后才能与"他者"互动，先完成"内圣"而后才能展开"外王"的事业。儒家基本上都主张"外在领域"是"内在领域"的延伸与扩大。但是，现代人可能质疑："自我"的觉醒及其与"世界"互动之间会存在一个问题：内在领域的运作逻辑，

---

① （宋）朱熹：《孟子集注》卷3，收入《四书章句集注》，第231—232页。
② （宋）朱熹：《孟子集注》卷13，收入《四书章句集注》，第353页。
③ （宋）朱熹：《孟子集注》卷7，收入《四书章句集注》，第276页。

事实上并不等同于外在领域的运作逻辑。内在领域与外在领域是不同质的，是不可互相化约的。因为，在道德的范畴中，道德可由人的自由意志所控制，如孔子所说："我欲仁，斯仁至矣"（《论语·述而·29》），[1] 但政治领域的运作逻辑，则以权力的争夺为目标，常常不是个人的自由意志所能完全控制的。在儒家看来，这项质疑可能是不能成立的，因为儒家都主张：道德是政治的基础，而政治是道德的延伸，从内在领域到外在领域是一个层层推展（如孟子所谓的"扩充"）的同心圆展开之过程。但是，从历史的实际历程来看，儒家"内圣外王"的理想确有其困难，因为在帝制中国的集权体制之下，知识分子能"得君行道"者少，多数儒者仅能走"化民行道"的路径。

至于儒家教育的方法则着重因材施教。在先秦孔门中，孔子回答学生问"仁"之内容均各不相同。儒家教育也重视以身作则，即"典范学习"，更重视启发教学，即"举一反三"。儒家教育最重要的是反求诸己，即经由将经典价值含纳入受教育者的身心，使教育成为一种"为己之学"。[2]

---

① （宋）朱熹:《论语集注》卷 4，收入《四书章句集注》，第 100 页。

② 关于儒家"为己之学"的讨论，参考徐复观《程朱异同》，收入氏著《中国思想史论集续篇》，台北：时报文化出版公司，1982，第 570 页；Wm. Theodore de Bary, *The Liberal Tradition in China*, Hong Kong: Chinese University Press; New York: Columbia University Press, 1983; Wm. T. de Bary, "Chu Hsi's Aims as an Educator," in Wm. T. de Bary and John W. Chaffee eds., *Neo-Confucian Education: The Formative Stage*, Berkeley and London: University of California Press, 1989, pp. 186-218.

　　我们要厘定孔孟以后东亚儒家如何思考"什么是教育"这个问题，最具有启发性的观察点就是儒者对于"学"这个字的解释。我以前的研究曾归纳历代中国儒者对于《论语》中"学"字的解释，主要有两种进路："第一种是以'觉'训'学'的解释进路，起于北宋邢昺（932—1010），南宋杨简（1141—1226）与陆象山（1139—1192）申其说，至明代心学一系而大畅其流，王阳明集其大成。第二种解释进路是以'效'训'学'，起于朱子，大畅于朱子后学如陈淳（1483—1544）、金履祥（1232—1303）、许谦（1269—1337）。"① 不论是通过学习者的"心"之觉醒，或通过对先贤的仿效，儒家定义下的教育，就是一种激发"自我"的觉醒与转化的过程。

　　在儒家教育哲学中，教育是一种"为己之学"，也就是一种自我生命的提升的事业。这种教育是一种内省之学，王阳明论为学工夫时说：

　　　　教人为学不可执一偏。初学时心猿意马，拴缚不定。其所思虑多是人欲一边，故且教之静坐息思虑。久之，俟其心意稍定。只悬空静守，如槁木死灰，亦无用。须教他省察克治。省察克治之功，则无时而可间，如去盗贼，须有个扫除廓清之意。无事时，将好色好货好名等

---

① 黄俊杰：《德川日本〈论语〉诠释史论》，台北：台大出版中心，2015，第230页。

私，逐一追究搜寻出来。定要拔去病根，永不复起，方始为快。①

王阳明上文中所说的"学"，以"心"的贞定为其中心，"学"不是一种外在知识的追索。德川时代日本阳明学者佐藤一斋晚年曾说：

> 孔子之学，自修己以敬，至于安百姓，只是实事实学。以四教文行忠信，所雅言诗书执礼，不必端事诵读而已也。故当时学者虽有敏钝之异，各成其器，人皆可学，无能不能也。后世则此学坠在于艺一途，博物多识，一过成诵，艺也。词藻纵横，千言立下，尤艺也。②

佐藤一斋在以上说法中，分辨"学"与"艺"的差别，强调所谓"学"并不是"博物多识"之类的知识累积或技艺习得而已。佐藤一斋对"教育"的再定义，可说与孔子、孟子、王阳明一脉相承，皆以"为己之学"为教育之目标。

我们讨论教育的"目标"，正如当代英国教育哲学家彼得斯（R. S. Peters，1919-2011）所说，必然涉及讨论"教育"

---

① 陈荣捷：《王阳明传习录详注集评》卷上《陆澄录》，台北：台湾学生书局，1983，第 75 页。

② 佐藤一斎著、相良亨等校注『言志後録』吉川幸次郎等編『日本思想大系·46·佐藤一斎·大塩中斎』岩波書店、1980、237 頁。

这个概念时的脉络、学习的方向与目标的成败。[①] 东亚儒家学者基本上是在学习者的生命之提升的脉络中讨论"教育"，他们主张"教育"是为了自己生命的成长，是一种内省之学，所以孟子说："子归而求之，有余师"（《孟子·告子下·2》），[②] 学习的成败取决于学习者是否回归自我之主体性。

再从教育的内容来看，儒家重视"教育"之"规范的面向"（the normative aspect of education，近于佐藤一斋所谓"学"），远过于"教育"之"认知的面向"（the cognitive aspect of education，近于佐藤一斋所谓"艺"）。[③] 孔子虽然鼓励学生"多识于鸟兽草木之名"（《论语·阳货·9》），[④] 但孔子更提撕学生"知及之，仁不能守之；虽得之，必失之"（《论语·卫灵公·32》），[⑤] 孔子显然主张德行是认知的基础，主张以"仁"摄"知"。孟子说："学则三代共之，皆所以明人伦也"（《孟子·滕文公上·3》），[⑥] 又说："……使契为司徒，教以人伦：父子有亲，君臣有义，夫妇有别，长幼有序，朋友有信"（《孟子·滕文公上·4》）。[⑦] 下文将讨论的南宋朱子的《白鹿洞书院

---

① R. S. Peters, "Aims of Education," in R. S. Peters ed., *The Philosophy of Education*, Oxford: Oxford University Press, 1973, pp. 11-57, esp. p. 14.

② （宋）朱熹：《孟子集注》卷 11，收入《四书章句集注》，第 328 页。

③ 参考 R. S. Peters, *Ethics and Education*, London: George Allen and Unwin, 1966, Chapter 1, pp. 25-31，区分教育之"规范的"与"认知的"两大面向。

④ （宋）朱熹：《论语集注》卷 9，收入《四书章句集注》，第 178 页。

⑤ （宋）朱熹：《论语集注》卷 8，收入《四书章句集注》，第 167 页。

⑥ （宋）朱熹：《孟子集注》卷 5，收入《四书章句集注》，第 255 页。

⑦ （宋）朱熹：《孟子集注》卷 5，收入《四书章句集注》，第 259 页。

学规》，就以讲明五伦作为书院教育的目标。所以，孔子以降的东亚儒家学者，都强调在"仁"显"知"，也都认为"教育"与"训练"实属不同领域，不能混淆。

三　教育何以可能

如果"教育"被定义为"自我"的觉醒与转化，那么，儒家就必须面对"教育何以可能"这个教育哲学的人性论基础之问题。我们先从孟子说起。孟子教育哲学有其人性论的预设。孟子认为人"心"具有价值判断之能力。人的"心"是价值意识的创发者，人生而具有道德判断的内在能力。孟子认为人生而具有"四端之心"，孟子说：

> 恻隐之心，人皆有之；羞恶之心，人皆有之；恭敬之心，人皆有之；是非之心，人皆有之。恻隐之心，仁也；羞恶之心，义也；恭敬之心，礼也；是非之心，智也。仁义礼智，非由外铄我也，我固有之也，弗思耳矣。（《孟子·告子上·6》）[1]

孟子主张人如能善用实践理性，就可使"心"之价值创发的功能自然发挥。《孟子·告子上·15》记载孟子曰：

---

[1]　（宋）朱熹：《孟子集注》卷 12，收入《四书章句集注》，第 339 页。

从其大体为大人，从其小体为小人。……耳目之官不思，而蔽于物，物交物，则引之而已矣。心之官则思，思则得之，不思则不得也。此天之所与我者，先立乎其大者，则其小者弗能夺也。此为大人而已矣。[1]

朱熹解释这一段话说：

大体，心也。小体，耳目之类也。官之为言司也。耳司听，目司视，各有所职而不能思，是以蔽于外物。既不能思而蔽于外物，则亦一物而已。又以外物交于此物，其引之而去不难矣。心则能思，而以思为职。凡事物之来，心得其职，则得其理，而物不能蔽；失其职，则不得其理，而物来蔽之。此三者，皆天之所以与我者，而心为大。若能有以立之，则事无不思，而耳目之欲不能夺之矣，此所以为大人也。[2]

朱子在上文的解释中所蕴含的"理"学色彩虽然可能引起疑虑，但朱子强调"心则能思，而以思为职"，则完全遥契孟子精神。孟子认为人的五官是不具判断力的，容易受外界的影响，但人"心"则具有价值判断能力，具有普遍必然性。柏拉图（公元前427—前347）曾说所谓哲学的生活是一种无视身

体的愉悦，而着重于精神愉悦的生活，[①] 古代西方思想家基本
上将"身""心"二分；但东方思想家则认为"身""心"是一
种连续性关系，不是断裂二分的敌体。

　　孟子思想中的"心"具有思考能力，因此，"心"能掌握
外在事物的"理"。因为"心"具有"普遍性"，所以有其"必
然性"。所谓"普遍性"正如孟子在《孟子·告子上·7》中
所说："心之所同然者何也？谓理也，义也。圣人先得我心之
所同然耳。故理义之悦我心，犹刍豢之悦我口。"[②] 所谓"必然
性"，正如孟子所说："故凡同类者，举相似也，何独至于人而
疑之？圣人与我同类者。……"（《孟子·告子上·7》）[③] 孟子
以"圣人与我同类"这项事实，论述教育的核心工作就是：开
发每个人之与生俱来皆具有的价值判断力的"心"。就"四端
之心"人"固有之也"（《孟子·告子上·6》）[④] 这项命题而言，
孟子教育哲学的立场，近于当代英国教育哲学家卡尔（David
Carr）所谓的"自由平等的传统主义"（liberal egalitarian
traditionalism）。[⑤]

　　儒家教育哲学的人性论基础，涉及两个重要的理论问

① Plato, *Phaedo*, in Paul Friedländer, tr. by Hans Meyerhoff, *Plato: The Dialogues: Second and Third Periods*, Princeton: Princeton University Press, 1970, 63E-69E, pp. 42-43.

② （宋）朱熹：《孟子集注》卷 11，收入《四书章句集注》，第 330 页。

③ （宋）朱熹：《孟子集注》卷 11，收入《四书章句集注》，第 329—330 页。

④ （宋）朱熹：《孟子集注》卷 11，收入《四书章句集注》，第 328 页。

⑤ David Carr, "Liberal Education and Its Rivals", "通识教育与教育哲学学术研讨会"主题演讲，台北，2015 年 10 月。

题。第一个问题是：学习者的"心"如何能够理解万事万物的"理"？朱子在所撰《大学格物补传》①中，对这个问题的思考基本上是将"心"与"理"视为不同质之物，认为万事万物之存在或运作皆有其"理"，而人之"心"则具有认知之作用，因此，"心"与"理"虽然二分，但"心"可以经由"格物"而鉴知"理"。②朝鲜时代，朝鲜思想界笼罩在朱子学典范之下，所以19世纪韩儒朴文一（1822—1894）强调通过学习，而使"心"与"理"之关系从二分走向合一。③

　　但是，王阳明对这个问题采取与朱子完全不同的思路。王阳明批判朱子说：

　　　　朱子所谓格物云者，在"即物而穷其理"。即物穷理，是就事事物物上求其所谓定理者也。是以吾心而求理于事事物物之中，析心与理而为二矣。夫求理于事事物物者，如求孝之理于其亲之谓也。求孝之理于其亲，则孝之理其果在于吾之心邪？抑果在于亲之身邪？假而果在于亲之身，则亲没之后，吾心遂无孝之理欤？见孺

① （宋）朱熹：《大学格物补传》，见《大学章句》，收入《四书章句集注》，第6—7页。

② 参考市川安司「朱子哲学に見える「知」の考察——『大学章句』「致知」の注を中心にして」氏著『朱子哲学考論』、29—68頁；大濱晧『朱子哲学』東京大学出版会、1983、239—267頁。

③ 〔韩〕朴文一：《经义·论语》，收入氏著《云庵集》，收入《韩国经学资料集成》第29册，成均馆大学校出版部，1989，第453—455页。

子之入井。必有恻隐之理。是恻隐之理，果在于孺子之身欤？抑在于吾心之良知欤？其或不可以从之于井欤？其或可以手而援之欤？是皆所谓理也，是果在于孺子之身欤？抑果出于吾心之良知欤？以是例之，万事万物之理，莫不皆然。是可以知析心与理为二之非矣。夫析心与理而为二，此告子义外之说，孟子之所深辟也。[①]

王阳明主张"心"即"理"，他宣称："吾心之良知，即所谓天理也。致吾心良知之天理于事事物物，则事事物物皆得其理矣。致吾心之良知者，致知也。"[②] 在王阳明所主张"心即理"的立场之下，所谓学习就是对人"心"的自觉能力的唤醒，诚如劳思光先生所说："阳明心中实无'认知活动之独立领域'"，[③] 所以，"教育"就绝对不是一种纯知识的传授与认知活动而已。

儒家教育哲学的人性论基础的第二个理论问题是："知"与"行"的关系如何？"知""行"问题是中国思想重大问题之一，《尚书·说命》就有"非知之艰，行之惟艰"[④] 的说法，先秦孔门讲"学"均兼"知"与"行"言之，两面并观。朱子论"学"

---

① 陈荣捷：《王阳明传习录详注集评》卷中《答顾东桥书》，第 171—172 页。
② 陈荣捷：《王阳明传习录详注集评》卷中《答顾东桥书》，第 171—172 页。
③ 劳思光：《新编中国哲学史》（三上），第 416 页。
④ （汉）孔安国撰，（唐）孔颖达疏，李学勤主编《十三经注疏·尚书正义》卷 10《说命》，第 252 页。

虽强调"学之为言效也",但重点仍在"行"上落实。①但是,问题是:学习者从"认知活动"跃入"实践活动"如何可能?

王阳明对儒家教育哲学中的这个理论问题,提出"致良知"作为从"知"跃入"行"的关键,王阳明说:

> 若鄙人所谓致知格物者,致吾心之良知于事事物物也。吾心之良知,即所谓天理也。致吾心良知之天理于事事物物,则事事物物皆得其理矣。致吾心之良知者,致知也。事事物物皆得其理者,格物也。是合心与理而为一者也。②

王阳明指出,所有的学习活动,必须回归学习者之"良知"。通过"致吾心之良知于事事物物",就可以避免教育过度务外遗内,博而寡要、玩物丧志之弊病。

关于从"认知活动"落实为"实践活动"这个问题,19世纪朝鲜儒者朴宗永(字美汝,号松坞,?—1875)说:

> 学者欲知其未知,欲能其未能也,而究其归则兼知行而言,欲复其本然之善也。③

---

① (宋)朱熹:《四书或问》卷1,第103页。
② 陈荣捷:《王阳明传习录详注集评》卷中《答顾东桥书》,第172页。
③ 〔韩〕朴宗永:《经旨蒙解—论语》,收入氏著《松坞遗稿》,收入《韩国经学资料集成》第29册,第397—398页。

朴宗永在这里所说的学习的目的在于"复其本然之善"，可以与王阳明的"致良知"之说互相发明。

　　总之，东亚儒家尤其是阳明学一系儒者，主张教育之所以可能，乃是因为人"心"与事物之"理"具有相同的质素（essence），教育的目的就在于回归并激发学习者之内在的善苗。我们可以说，儒家讲的绝不是一套"论述"（discourse），而是与学习者相关的（agent-relative）一套实践方案或行动纲领。

四　如何进行教育

（一）理念

　　如果教育的目标在于唤醒人性深处本有的善苗，呵护它成长的话，那么，教育工作应如何进行呢？

　　东亚儒家对教育的方法，提出各种论述，也具体落实在他们主持的书院之中。我们从孟子的教育方法开始讨论，孟子的教学方法有三项最为重要，并成为东亚儒家教育家的共识。[①]首先，孟子很重视学习者的心之淬炼。孟子认为，人生而具有"良知"与"良能"，孟子曰："人之所不学而能者，其良能也；所不虑而知者，其良知也。"（《孟子·尽心上·15》）[②]但是，具有"良知""良能"的"心"却可能未获良善护持而失

---

　　①　关于孟子的教学方法，我在旧著中曾有较详细讨论，参考黄俊杰《孟子》，台北：东大图书公司，1993、2006，第 6 章。

　　②　（宋）朱熹：《孟子集注》卷 13，收入《四书章句集注》，第 353 页。

落。因此，孟子认为，所谓的"学问之道"，就是找回失落的
"本心"，重建"自我"的主体性。一切教育的方法都在心的
淬炼，而心的淬炼必须在具体情境中经历考验，这就是后代中
国思想家所谓的"历事练心"。正如孟子所说："人之有德慧术
知者，恒存乎疢疾。独孤臣孽子，其操心也危，其虑患也深，
故达。"(《孟子·尽心上·18》)①孟子认为像这种"历事练心"
的孤臣孽子，才能攀登生命的高峰。

　　其次，孔孟教学方法皆重视"因材施教"，孟子曰："教
亦多术矣，予不屑之教诲也者，是亦教诲之而已矣。"(《孟
子·告子下·16》)②孟子曰："君子之所以教者五：有如时雨
化之者，有成德者，有达财者，有答问者，有私淑艾者。此
五者，君子之所以教也。"(《孟子·尽心上·40》)③孟子与孔
子一样特别重视因材施教、弹性施教，这是孟子继承自孔子
的教育原则。《论语·颜渊》仲弓问仁，子曰："出门如见大
宾，使民如承大祭。己所不欲，勿施于人。在邦无怨，在家
无怨。"④司马牛问仁，子曰："仁者其言也讱。"⑤樊迟问仁，子
曰："爱人。"⑥孔子回答不同的弟子问"仁"的答案，皆因弟
子的根器而有所不同，这是孔门因材施教教育方法的具体

---

① （宋）朱熹：《孟子集注》卷13，收入《四书章句集注》，第353—354页。
② （宋）朱熹：《孟子集注》卷13，收入《四书章句集注》，第348页。
③ （宋）朱熹：《孟子集注》卷13，收入《四书章句集注》，第361—362页。
④ （宋）朱熹：《论语集注》卷6，收入《四书章句集注》，第132—133页。
⑤ （宋）朱熹：《论语集注》卷6，收入《四书章句集注》，第133页。
⑥ （宋）朱熹：《论语集注》卷6，收入《四书章句集注》，第139页。

体现。

孟子的第三种教育方法而且也成为东亚儒者的共识的，就是重视"典范教育"：

> 公孙丑曰："君子之不教子，何也?"孟子曰："势不行也。教者必以正；以正不行，继之以怒；继之以怒，则反夷矣。'夫子教我以正，夫子未出于正也。'则是父子相夷也。父子相夷，则恶矣。古者易子而教之。父子之间不责善。责善则离，离则不祥莫大焉。"①

"教者必以正"是这段话的核心思想。孟子认为一切教育的核心是一种典型的建立与模仿。这种"典范教育"的原则，颇近于 20 世纪美国哲学家波兰尼（Machael Polanyi，1891–1976）所谓的"默会之知"（tacit knowing）的内涵，②这种"默会之知"是一种经由模仿并体认、体知具有典范意义的师长之行谊与思想而获得的。

东亚儒家教育家具有共识的第四种教学方法就是"下学而上达"（《论语·宪问·37》）。③孔子告诫弟子要"多识于鸟兽草木之名"（《论语·阳货·9》），④在日常生活之中体悟超越

---

① 《孟子·离娄上·18》，（宋）朱熹：《孟子集注》卷 7，收入《四书章句集注》，第 284 页。
② Machael Polanyi, *The Tacit Dimension*, New York: Doubleday, 1966.
③ （宋）朱熹：《论语集注》卷 7，收入《四书章句集注》，第 157 页。
④ （宋）朱熹：《论语集注》卷 7，收入《四书章句集注》，第 178 页。

性的原理，在"特殊性"之中体认"普遍性"。孔门"下学而上达"的教学宗风，正是体神化不测之妙于人伦日用之间。17世纪日本儒者伊藤仁斋正是在日常性之中，推崇《论语》为"最上至极宇宙第一书"。①

对于孔子"下学而上达"的教学方法，王阳明的申论最为鞭辟入里，见《传习录》以下一段问答：

> 问上达功夫。先生曰："后儒教人，才涉精微，便谓上达，未当学，且说下学。是分下学上达为二也。夫目可得见，耳可得闻，口可得言，心可得思者，皆下学也。目不可得见，耳不可得闻，口不可得言，心不可得思者，上达也。如木之栽培灌溉，是下学也。至于日夜之所息，条达畅茂，乃是上达。人安能豫其力哉？故凡可用功，可告语者，皆下学。上达只在下学里。凡圣人所说，虽极精微，俱是下学。学者只从下学里用功，自然上达去。不必别寻个上达的工夫。"②

王阳明在此所强调的是，即"下学"即"上达"，两者并不断为两橛。所谓"即下学即上达"，指抽象的知识必须在具体

---

① 伊藤仁斋『論語古義』関儀一郎編『日本名家四書注釋全書・論語部1』、4 頁。亦見于：〔日〕伊藤仁斋『童子問』井上哲次郎、蟹江義丸編『日本倫理彙編』（五）、78 頁。

② 陈荣捷：《王阳明传习录详注集评》卷上《陆澄录》，第62—63 页。

的实践行为之中才能被体认。王阳明接着以他的"致良知"概念为例，进一步论证"理论"（theoria）不能脱离"实践"（praxis）的道理说：

> 若谓粗知温清定省之仪节，而遂谓之能致其知。则凡知君之当仁者，皆可谓之能致其仁之知。知臣之当忠者，皆可谓之能致其忠之知。则天下孰非致知者邪？以是而言，可以知致知之必在于行，而不行之不可以为致知也明矣。知行合一之体，不益较然矣乎？[1]

王阳明在此启示我们的是：《大学》所谓"致知"（《大学》第五章），[2] 并不是一套抽象的"论述"（discourse），而是"致知必在于行"，亦即所谓"知行合一"，儒学之所以为实学，其根本理由在此。

关于"下学而上达"这项教育方法，18 世纪末 19 世纪初朝鲜儒者丁茶山（1762—1836），提出了很精彩的解释，丁茶山说：

---

① 陈荣捷：《王阳明传习录详注集评》卷中《答顾东桥书》，第 182 页。
② （宋）朱熹：《大学章句》，收入《四书章句集注》，第 6—7 页。茶山论"仁"，不取朱子以"心之德，爱之理"为"仁"之旧说，我在近刊拙书中有所讨论，另详 Chun-chieh Huang, *East Asian Confucianisms: Texts in Contexts,* Göttingen and Taipei: V&R Unipress and Taiwan University Press, 2015, pp. 86-87。

> 仁义礼智之名，成于行事之后。故爱人而后谓之仁，爱人之先，仁之名未立也。善我而后谓之义，善我之先，义之名未立也。宾主拜揖而后，礼之名立焉，事物辨明而后，智之名立焉。[①]

丁茶山以上这一段解说，洋溢着东亚儒学的"实学"精神，丁茶山主张所谓"仁义礼智"的道德理念，只有在实践之后才能被建立、被感知，"仁义礼智"并不是一种"先验的"（apriori）抽象命题。丁茶山的哲学立场可以说既不是主观主义（subjectivism），也不是客观主义（objectivism），而是一种体验主义（experientialism）。东亚儒家的"下学而上达"的第四种教育方法的哲学基础，正是在于"体验主义"。

（二）实践

我们观察东亚儒家学者的教学方法及其理念，最有启发性的切入点，就是儒者在他们主持的书院，所揭示的"学规"，所以我们接着分析中、日、韩三地儒家书院的教育理念及其实践。

在东亚地区的历史上，中国书院的建制源远流长，10世纪以降，各地书院之设立如雨后春笋，大多有"学规"以作为

---

① 〔韩〕丁若镛：《孟子要义》，收入《（校勘·标点）定本与犹堂全书》第7册，引文见《公孙丑第二·人皆有不忍人之心章》，第68页。

师生共同努力之教学愿景。[①]在东亚书院史上所有书院的学规之中，最为重要而且影响最为深远的莫过于朱子的《白鹿洞书院学规》，其部分内容如下：

> 父子有亲。君臣有义。夫妇有别。长幼有序。朋友有信。
>
> 右五教之目。尧、舜使契为司徒，敬敷五教，即此是也。学者学此而已。而其所以学之之序，亦有五焉，其别如左：
>
> 博学之。审问之。谨思之。明辨之。笃行之。
>
> 右为学之序。学、问、思、辨四者，所以穷理也。若夫笃行之事，则自修身以至于处事、接物，亦各有要，其别如左：
>
> 言忠信。行笃敬。惩忿窒欲。迁善改过。
>
> 右修身之要。
>
> 正其义，不谋其利。明其道，不计其功。
>
> 右处事之要。
>
> 己所不欲，勿施于人。行有不得，反求诸己。
>
> 右接物之要。
>
> 熹窃观古昔圣贤所以教人为学之意，莫非使之讲明义

---

① 邓洪波教授搜集 1168 年吕祖谦（1137—1181）的丽泽书院学规，到钱穆（1895—1990）的新亚书院学规，编为一册，参看邓洪波编著《中国书院学规》，湖南大学出版社，2000。

　　理，以修其身，然后推以及人，非徒欲其务记览、为词章，
以钓声名、取利禄而已也。今人之为学者则既反是矣，然
圣贤所以教人之法具存于《经》，有志之士，固当熟读深思
而问辨之。苟知其理之当然，而责其身以必然，则夫规矩
禁防之具，岂待他人设之而后有所持循哉！……①

　　《白鹿洞书院学规》所揭示的教育目标在于教导五伦，而
教学之方法在于"博学""审问""谨思""明辨""笃行"等五
大学习步骤，完全体现自孔门教学以降，东亚儒家教育力求
"知行合一"的宗风，而且"行有不得，反求诸己"，一切学习
皆为反观"自我"，迈向"自我"的"道德主体性"之建立。

　　朱子所撰的《白鹿洞书院学规》成为朝鲜与日本书院学
规的典范。朝鲜时代书院的学规基本上都是根据朱子的《白鹿
洞书院学规》而加以调整。李滉所写的《伊山书院院规》与李
珥所写的《隐屏精舍学规》，也都是在朱子《白鹿洞书院学规》
的基础上撰写。后来，李滉一系的书院以《伊山书院院规》为
基本模式，李珥一系的书院以《隐屏精舍学规》为基本模式，
因应时代之变化而加以调整。《伊山书院院规》与《隐屏精舍
学规》是朝鲜书院学规的典范。朝鲜时代书院的学规是个别书
院自订的规约，虽然通称为"学规"，但是其名称颇为多样，
例如"学规""学令""院规""斋规""斋宪""约束""讲

---

　　① （宋）朱熹:《白鹿洞书院学规》，见《朱子文集》第 8 册，第 3730—
　　　　3732 页。

规""立约""训示文""谕示文"等不同名称，可以显示儒家书院教育所重视的是教育的"规范的面向"而不只是"认知的面向"。①

16 世纪朝鲜朱子学大师李退溪所建的伊山书院位于庆尚北道荣州，建于 1554 年（明宗九年）。退溪将其命名为"伊山书院"，亲自撰写院规与记文。退溪死后，书院供奉其灵位并升格为赐额书院。退溪所撰的《伊山书院院规》成为朝鲜书院院规之嚆矢。《伊山书院院规》全文如下：

> 一、诸生读书，以四书五经为本原，学，家礼为门户。遵国家作养之方，守圣贤亲切之训，知万善本具于我，信古道可践于今，皆务为躬行心得明体适用之学，其诸史子集、文章科举之业，亦不可不为之旁务博通。

① 收入《韩国文集丛刊》的书院学规，属于 16 世纪的有：《白云洞绍修书院立规》（周世鹏）、《伊山院规》（李滉）、《龙山书院斋宪》（朴光前）、《隐屏精舍学规》（李珥）、《隐屏精舍约束》（李珥）、《文宪书院学规》（李珥）；属于 17 世纪的有：《道东书院院规》（郑逑）、《讲法》（郑逑）、《养正斋规》（尹舜举）、《星谷书院儒生劝学规》（李惟泰）、《竹林书院节目》（俞棨）、《咸宁书院立约文》（洪汝河）、《鲁冈书院斋规》（尹拯）、《示敬胜斋诸生》（尹拯）、《文会书院院规》（朴世采）、《南溪书堂学规》（朴世采）、《紫云书院院规》（朴世采）；属于 18 世纪的有：《道峰院规（答道峰院规）》（权尚夏）、《观善斋学规》（申益愰）、《居斋节目》（李光庭）、《深谷书院学规》（李縡）、《忠烈书院学规》（李縡）、《道基书院学规》（李縡）、《龙仁乡塾节目》（李縡）、《老江书院讲学规目》（尹凤九）、《石室书院学规》（金元行）、《石室书院讲规》（金元行）、《兴学规范》（尹光绍）、《居斋学规》（李象靖）、《德谷书斋月朔讲会约》（安鼎福）、《洞中劝学节目》（李光靖）。

然当知内外本末轻重缓急之序，常自激昂，莫令坠堕，自余邪诞妖异淫僻之书，并不得入院近眼，以乱道惑志。

一、诸生立志坚苦，趋向正直。业以远大自期，行以道义为归者为善学。其处心卑下，取舍眩惑，知识未脱于俗陋，意望专在于利欲者为非学，如有性行乖常，非笑礼法，侮慢圣贤，诡经反道，丑言辱亲，败群不率者，院中共议摈之。

一、诸生常宜静处各斋，专精读书，非因讲究疑难，不宜浪过他斋，虚谈度日，以致彼我荒思废业。

一、无故无告，切无频数出入。凡衣冠作止言行之间，各务切偲，相观而善。

一、泮宫明伦堂，书揭伊川先生四勿箴，晦庵先生白鹿洞规十训，陈茂卿夙兴夜寐箴，此意甚好。院中亦宜以此揭诸壁上，以相规警。

一、书不得出门，色不得入门，酒不得酿，刑不得用，书出易失，色入易污，酿非学舍宜，刑非儒冠事。刑谓诸生或有司以私怒捶打外人之类。此最不可开端。若院属人有罪，则不可全赦。小则有司，大则与上有司同议论罚。

一、院有司，以近居廉干品官二人差定，又择儒士之识事理有行义众所推服者一人，为上有司，皆二年相递。

一、诸生与有司，务以礼貌相接，敬信相待。

一、院属人完恤，有司与诸生，常须爱护下人。院事斋事外，毋得人人私使唤，毋得私怒罚。

一、立院养士，所以奉国家右文兴学，作新人才之意，人谁不尽心，继今莅县者，必于院事，有增其制，无损其约，其于斯文，岂不幸甚。

一、童蒙，非因受业与招致，不得入入德门内。

一、寓生，不拘冠未冠，无定额，成才乃升院。[①]

李退溪的伊山书院教学以《四书》《五经》为主，他在《伊山书院记》中说："今何所从事而可乎？本之五伦，而以穷理笃行为学者，朱先生白鹿洞规也"，[②]完全遵循朱子教学的典范。

除李退溪的伊山书院之外，李栗谷在去官辞职后，住于石潭教学。石潭的地形类似于中国福建武夷九曲，于是，栗谷仿效朱子的武夷精舍建立隐屏精舍（1578 年），并作学规。[③]李栗谷又模仿朱子的《武夷棹歌》而作《高山九曲歌》。李栗谷又建文宪书院，亦有学规，从生活起居上规范书院生，条款颇为明细。[④]总之，从 14 世纪开始，朝鲜社会就已经深

① 〔韩〕李滉:《伊山院规》，收入《韩国文集丛刊》第 30 集《退溪集》卷41，1989，第 430a—431a 页。

② 〔韩〕李滉:《伊山书院记》，《韩国文集丛刊》第 41 集，1989，第 445c—447b 页。

③ 〔韩〕李珥:《隐屏精舍学规（戊寅）》，收入《韩国文集丛刊》第 44 集《栗谷全书》卷 15，1989，第 336d—338a 页。

④ 〔韩〕李珥:《隐屏精舍学规（戊寅）》，收入《韩国文集丛刊》第 44 集《栗谷全书》卷 15，第 339c—340c 页。

深浸润在儒家传统之中，儒教取得了近乎国教的地位与影响力，[1] 而朱子学更是朝鲜儒学的主流，所以，从 16 世纪以降朝鲜书院的学规，莫不以朱子的《白鹿洞书院学规》为典范。

现在，我们再看德川时代日本的书院讲学。虽然 17 世纪的古学派大师伊藤仁斋就在古义堂讲学，但是较具规模的书院，到 18 世纪才在大阪出现。进入 18 世纪以后，大阪地区工商活动频繁，经济发达，大阪遂有"天下的厨房"（てんかのだいところ）之称。大阪的怀德堂书院原系私塾，由五位成功商人捐资，后转化为公开讲学之场所。[2] 怀德堂教育以朱子学为基础，讲学特重"义利合一"。

最能体现朱子学对大阪怀德堂的典范作用的是，日本天明二年（1782）中井竹山（名积善，1730—1804）就任怀德堂第四代堂主时，将朱子的《白鹿洞书院揭示》刻在巨板上，置于讲堂。中井履轩（名积德，字处叔，号履轩，1732—1817）又抄写《白鹿洞书院揭示》置于怀德堂堂内，完全反映了朱子学的教育典范在 18 世纪日本教育界的影响力。

---

[1]　参考 Martina Deuchler, *The Confucian Transformation of Korea: A Study of Society and Ideology*, Cambridge, Mass. and London: Council on East Asian Studies, Harvard University, 1992, pp. 3-27。

[2]　参考 Tetsuo Najita, *Visions of Virtue in Tokugawa Japan: The Kaitokudo Merchant Academy of Osaka*, Chicago: University of Chicago Press, 1987, p. 8。此书有日译本，见子安宣邦訳『懐徳堂 18 世紀日本の「徳」の諸相』岩波書店、1992、1998；陶德民『懐徳堂朱子学の研究』大阪大学出版会、1994。

　　日本儒家书院学规的另一个具有代表性意义的，则是阳明学者大盐中斋（平八郎，1793—1837）所写的《洗心洞入学盟誓》。《盟誓》起首就先正师弟之名，接着条列书院的学规。

　　　　主忠信，而不可失圣学之意矣。如为俗习所牵制，而废学荒业以陷奸细淫邪，则应其家之贫富，使购某所告之经史以出焉。其所出之经史尽附诸塾生。……

　　　　学之要，在躬行孝弟仁义而已矣。故不可读小说及异端。眩人之杂书。如犯之，则无少长鞭扑若干。……

　　　　每日之业，先经业而后诗章。如逆施之，则鞭扑若干。

　　　　不许阴缔交于俗辈恶人，以登楼纵酒等之放逸。如一犯之，则与废学荒业之谴同。

　　　　一宿中不许私出入塾。如不请某以擅出焉，则虽辞之以归省，敢不赦其谴，鞭扑若干。

　　　　家事有变故，则必咨询焉。……

　　　　丧祭嫁娶及诸吉凶，必告于某，与同其忧喜。

　　　　犯公罪，则虽族亲不能掩护，告诸官以任其处置，愿你们小心翼翼，莫贻父母之忧。

　　　　右数件勿忘勿失。此是盟之恤哉。①

　　①　大盐中斋「洗心洞入盟誓」，收入「中斋文抄·2·洗心洞入学盟誓」宇野哲人監修、荒木見悟編『陽明学思想大系·8·日本の陽明学·上』明德出版社、1973、552 頁。

大盐中斋所订的"入学盟誓"，从"主忠信""躬行孝弟仁义"等修身德目，一直到日常生活规则，明订违反之学生则施以鞭挞，可谓至为严厉。

那么，在德川时代的书院、私塾或藩校里，学习活动如何进行呢？前田勉（1956—）的研究告诉我们：德川后期，在全日本各地的藩校与私塾中，已经形成三种阶段分明的学习方法：（1）素读，（2）讲释，（3）会读。第一阶段是所谓"素读"，就是对经典如《四书》《孝经》《近思录》《三字经》等，进行句读与诵读。这个读书阶段大约始于七八岁，并不解释经典的内容，仅系音读、熟习文字并背诵。第二阶段就进入所谓"讲释"，约开始于 15 岁，学生在听闻经典中的一章或一节之后，一起口头诵读。这种讲释的读书方法，以山崎闇斋（1618—1682）学派最为广泛施行。第三阶段是所谓"会读"，约从 15 岁开始与"讲释"一起进行。指导师长集合程度相近的学生于一室之内，以所择定的经典中之章句为中心，提出问题互相讨论，进行集体研究，共同学习。[①] 在这种会读中，也常常议论时政，尤其是水户藩的藤田东湖（1806—1855）与长州藩的吉田松阴（1830—1859）等幕末志士，在会读中提倡尊王攘夷与公议舆论，从儒学经典的会读中，涌现对政治的讨论。[②] 德川时代日本的会读学习活动，与中国明末东林书院的学习宗风，可谓遥相呼应，体现儒家教育一贯的经世精神。

---

① 前田勉『江戸の読書会：会読の思想史』平凡社、2012、36—53 頁。
② 前田勉『江戸の読書会：会読の思想史』、15 頁。

总结本节所论，东亚儒家教育方法，肇端于先秦孔孟，弘扬于南宋朱子，并实践于书院教育之中，而朱子的《白鹿洞书院学规》更是日韩两地儒家书院学规的典范，具体表现为儒家教育理念的落实。

五　结论

本章从孟子、朱子与王阳明的教育哲学出发，运用中、日、韩各地传统书院的学规，探讨东亚儒家教育哲学及其在书院的落实，我们可以提出以下几点结论。

第一，针对教育的本质与方法而言，东亚儒家学者认为教育是一种"无声的革命"：孟子、王阳明与中、日、韩三地儒者兴办书院，都认为教育的目的不在于技艺传授，而是激发每个人心灵"无声的革命"，也就是 19 世纪朝鲜儒者朴宗永所说的"复其本然之善"。[①] 东亚儒者所着重的是经由"心的淬炼"、"因材施教"、"典范学习"以及"下学而上达"等教育方法，而点燃的"无声的革命"。

第二，针对教育的目标而言，东亚儒家学者主张教育是一种"为己之学"：孟子认为教育是唤醒自我生命，建立主体性，使自己成为"大丈夫"的"为己之学"。王阳明强调所谓学，就是"致良知"。两者都认为教育就是回复学习者的"本然之善"，使学习者生命中潜在的美，获得诱导、舒展并开花

[①]　〔韩〕朴宗永:《经旨蒙解——论语》，收入氏著《松坞遗稿》，收入《韩国经学资料集成》第 29 册，第 397—398 页。

结果，如王阳明说的"合心与理为一"。[①]

　　第三，针对教育理念的实践而言，东亚儒家学者都主张教育是一种由内向外"扩而充之"的自我生命之转化过程，并从"自我的转化"启动"世界的转化"：孟子认为通过心的"唤醒"与"扩充"，精神可以连续性地发展，从个人、社会到宇宙。正如孟子所说："凡有四端于我者，知皆扩而充之矣，若火之始然，泉之始达。"（《孟子·公孙丑上·6》）[②]王阳明强调在日常生活实践中体认"良知"，才能"下学而上达"。孟子、王阳明与东亚儒者都认为从"个体"的转化走向"世界"的转化，可以通过教育而完成。朱子的白鹿洞书院以五伦为学之大端，揭之楣间，师生共学而责之于身。两千年来中、日、韩等东亚地区的书院，正是完成这种"自我转化"的志业的学习共同体，所以中、日、韩三地的儒家书院，对于学生的行为举止，都有严格的规范。20世纪德国哲学家雅思培（Karl Jaspers，1883-1969）的言论，可与儒家教育理想相印证，雅思培说："教育将个人及其存在带入整个团体的存在。他走入世界，而不是牢牢地站在自己的地方，因此万物使他狭小世界的生活变得有生气。如果人与一个更明朗、更充实的世界合而为一体，人将更能够成为他自己。"[③]雅思培的说法，完全

---

　　① 陈荣捷：《王阳明传习录详注集评》卷中《答顾东桥书》，第172页。
　　② （宋）朱熹：《孟子集注》卷3，收入《四书章句集注》，第238页。
　　③ 〔德〕雅思培：《雅斯培论教育》，杜意风译，台北：联经出版事业公司，1983，第4—5页。

可以与儒家哲学互相发明。就东亚儒家之强调"教育"的"内在价值"（intrinsic value）而不是"外在效益"，以及"教育"是"为己之学"而言，儒家教育哲学正是一种"传统主义"（traditionalism）的教育哲学。①

在 21 世纪全球化时代里，随着高科技与知识经济的快速发展，虽然大学师生的研发成果，常具有改变人类文明方向之潜力，所以，大学的重要性与日俱增，但是，大学也愈来愈成为整体经济领域的一部分，从而使"大学教育"成为为资本主义市场经济而服务的"知识产业"，所以，在世界贸易组织（WTO）贸易规范中，教育就被归类为"服务业"，也因此之故，21 世纪的大学教育很重视培养的毕业生的可雇用性（employability）。如果说 19 世纪的大学教育是为了培养精英阶级，20 世纪的大学教育是为中产阶级与资产阶级而服务。展望未来，21 世纪的大学是为了社会福祉的提升，或是为提升个人的竞争力？这是值得思考的问题。21 世纪的大学教育有其共同的盲点，即忽视学生内在生命的成长，而这正是数千年来东亚儒家教育传统最重视的核心价值。

盱衡当前大学教育的普遍问题，我们发现首先是教学内容与生活实践脱离之问题。在资本主义市场经济之中，人文教育就比较难以符合市场的需求，举例言之，2015 年 6 月，日本政府文部科学省就发公文，要求设有人文社会学院的 60

①　David Carr, "Traditionalism and Progressivism: A Perennial Problematic of Educational Theory and Policy," *Westminster Studies in Education*, Vol. 21, 1998.

所国立大学进行"改革",至 8 月份已有 26 所国立大学废除
或考虑调整人文社会科学系所,教师员额缩编或调整系属,
但是,文部科学省强烈否认有打压人文社会科学之意图,纷
纷扰扰,尘埃尚未落定。[①] 日本高等教育的变革,也引起国际
媒体如英国《卫报》的重视并大幅报道。总之,现代大学所
传授的基本上是一种"谋生活的教育",它与"提升生命的教
育"已日渐背离。现阶段国内外大学教育愈来愈趋向知识商
品化,大学教育市场化,[②] 这种病灶有赖于东亚儒家教育理念
的流注与洗涤。

　　在现代大学里,以教科书为中心的教学方法,强调"套
装知识"的传递,较少触及学生思考活动的"默会层面"
(tacit dimension)。二战以后科技的突飞猛进与大学结构的颠
覆,人文与通识教育的边缘化,造成"专业的傲慢"与"反智
主义心态"。正如 1936 年芝加哥大学校长赫金斯(Robert M.
Hutchins,1899–1977)所说的,1930 年代美国的大学充满了
"反智主义心态"(anti-intellectualism)。[③] 随着 21 世纪高新科
技的发展,全球化时代世界各国的大学教育重视实用教育,更
加强调提升学生的"可雇用性","反智"的心态与氛围更加弥

---

① 见《读卖新闻》2015 年 8 月 24 日报道,网址:http://www.yomiuri.co.jp/n
ational/20150823-OYT1T50098.html(检索时间:2015 年 9 月 7 日)。

② Elizabeth Popp Berman, *Creating the Market University: How Academic Science
Became an Economic Engine*, Princeton: Princeton University Press, 2012.

③ Robert Maynard Hutchins, *The Higher Learning in America*, New Haven: Yale
University Press, 1936, pp. 24-27.

漫。东亚儒家教育哲学重视"自我"的转化，强调"下学而上达"，对于 21 世纪教育的盲点，当有其矫治之作用。

　　在本章分析的基础之上，我们可以提出结论性的看法。孟子、王阳明与东亚儒家学者的教育哲学，在 21 世纪给我们的第一种启示是：生命难得，有赖师长的唤醒。儒家强调教育是一种对师长典范的学习过程，正如荀子所说的"学莫便乎近其人"，① 因此，亲近师长最为重要。东亚儒家教育哲学给我们的第二种启示是：一切的教育应从现行的"出乎其外"的学习方法，融入"入乎其内"的学习方法。在"出乎其外"的教育方法（etic approach）中，学习者是观察者，着重知识的客观化、数量化、标准化、商品化。在"入乎其内"的教育方法（emic approach）里，学习者是参与者，着重知识的内隐化与"转识成智"。唯有"入乎其内"的教育方式，才能通过"自我的转化"扩而充之，达到"世界的转化"。

　　（本章系 2015 年 12 月 4 日在台湾通识教育学会年会上的主题演讲论文）

---

　　① 《荀子·劝学篇第一》，引文见《荀子集解》，第 14 页。

第八章
王道文化与 21 世纪大中华的道路

一 引言

在 21 世纪的诸多发展趋势之中，中国的崛起是最为重要而且关乎全球局势的大事。在改革开放，经济突飞猛进的基础之上，在 21 世纪的新世局中，中国在国防、政治与外交方面的影响力与日俱增。虽然中国内部的社会、经济、政治、文化问题仍然纷至沓来，层出不穷，但是，从世界史的角度来看，现在的中国的处境，在某种意义上类似明治维新成功后的日本，正站在历史的十字路口之上：21 世纪中国的道路，到底是走最近两百年来西方列强霸道的道路，还是走具有传统中国文化特色的王道道路？中国的抉择将决定大中华文化圈的命运，也将决定未来人类的命运。

不论是从源远流长的传统中华文化核心价值来看，或是从 21 世纪世界新局势来看，大中华文化圈在 21 世纪必须以"王道文化"为其历史的道路。本章写作的目的在于分析"王道文化"的渊源、内涵以及 20 世纪孙中山先生的新阐释，并论证 21 世纪大中华文化圈的前途正在于"王道文化"的实践。

为了论证本章主旨，本章将紧扣以下三个问题展开讨论：什么是"王道文化"？孟子与孙中山如何诠释"王道文化"？

为什么 21 世纪中国的前途在于"王道文化"的实践？

如何在 21 世纪大中华文化圈实践"王道文化"？

二　"王道文化"的内涵：从孟子到孙中山

虽在古代经典如《尚书》就有"王道荡荡""王道平平""王道正直"（以上均出自《尚书·洪范》）[1]之语，但提倡并充分论述"王道"政治论者则是孟子。[2]孟子生于战国时代，各国之间"争地以战，杀人盈野；争城以战，杀人盈城"（《孟子·离娄上·14》），[3]他痛感"王者之不作，未有疏于此时者也；民之憔悴于虐政，未有甚于此时者也"（《孟子·公孙上·1》），[4]他高唱"王道"政治论，实系针对战国时代之政治现实而发。孟子所谓"王道"，指"先王之道"（《孟子·离娄上·1》），[5]以道德为基础（"以德行仁者王"，[6]《孟子·公孙上·3》），以民本为依归（"保民而王，莫之能御也"，[7]《孟子·梁惠王·7》）。"王"与"霸"的对比，是"德"与"力"的对比，也是"公"

---

① （汉）孔安国传，（唐）孔颖达疏，李学勤主编《十三经注疏·尚书正义》卷 12《洪范》，第 311 页。

② 参考黄俊杰《孟子的王道政治及其方法论预设》，收入氏著《孟学思想史论·卷一》，第 161—187 页。

③ （宋）朱熹：《孟子集注》卷 7，收入《四书章句集注》，第 283 页。

④ （宋）朱熹：《孟子集注》卷 7，收入《四书章句集注》，第 228 页。

⑤ （宋）朱熹：《孟子集注》卷 7，收入《四书章句集注》，第 275 页。

⑥ （宋）朱熹：《孟子集注》卷 7，收入《四书章句集注》，第 235 页。

⑦ （宋）朱熹：《孟子集注》卷 7，收入《四书章句集注》，第 207 页。

与"私"的对比，更是"义"与"利"的对比。孟子游说各国国君尊王黜霸，孟子所尊之王并非业已日落西山之周天子，他鼓舞野心勃勃的战国国君推行仁政，拯生民于水火之中。孟子的王道政治论因袭民贵之古义，创造转化，明确标举以人民为政治之主体的主张。

孟子的"王道"政治论的核心在于"不忍人之心"，他说："人皆有不忍人之心。先王有不忍人之心，斯有不忍人之政矣。以不忍人之心，行不忍人之政，治天下可运之掌上。"（《孟子·公孙丑上·6》）①他劝诫战国时代的君王，只要将人与生俱来的"不忍人之心"加以推广、扩充、实践，就能开创"不忍人之政"，就能达到"仁者无敌"的境界。

孟子的"王道"政治是两千多年来中国政治思想中最高的价值理念。在中国历史上，崇文而不尚武一直是统治者与知识分子所向往的境界。20世纪史学家钱穆先生早就指出：在中国史学名著中最受重视的是文化价值的传承者与实践者，如伯夷、叔齐、孔子，而不是战争杀伐中的英雄人物。②孔子说："远人不服则修文德以来之，既来之，则安之。"（《论语·季氏·1》）③中国历代政权所重视的是文治而不是武功，在对外关系上也多半强调文化的交流与融合，而不是武力的征服，体现"王道精神"。

---

① （宋）朱熹:《孟子集注》卷7，收入《四书章句集注》，第237页。
② 钱穆:《中国史学名著选读》，收入《钱宾四先生全集》第33册，第81页。
③ （宋）朱熹:《论语集注》卷8，收入《四书章句集注》，第170页。

中国文化中的"王道精神"，到了 20 世纪，在孙中山那里获得了最充分的发挥。孙中山在 1924 年 11 月 28 日在神户高等女校对神户商业会所等五个团体发表《大亚洲主义》演讲，极为轰动。在这场演讲中，孙中山首先称 19 世纪末日本废除不平等条约可视为亚洲复兴的起点。接着，孙中山比较欧洲文化与亚洲文化，认为欧洲文化是科学的与注重功利的文化，是一种霸道的文化；而中国文化讲求仁义道德，是王道的文化。在孙中山眼中，1920 年代的世界问题，就是东方文化与西方文化的比较与冲突的问题。最后，孙中山强有力地呼吁："你们日本民族既得到了欧美的霸道的文化，又有亚洲王道文化的本质，从今以后对于世界文化的前途，究竟是做西方霸道的鹰犬，或是做东方王道文化的干城，就在你们日本国民去详审慎择。"[1]这次的演讲极为轰动，日本朝野皆极为重视。[2]

孙中山的"大亚洲主义"概念与 20 世纪初年以降日本知识界的"亚洲主义"论述有关。1903 年，著名美术史学者冈仓天心（1862—1913）出版《东洋的理想》英文版，提出"亚洲一体"（Asia is one）主张，并指出亚洲文化探求人生

---

[1]　孙中山:《演讲·大亚洲主义（民国 13 年 11 月 28 日在神户高等女校对神户商业会议所等五团体演讲）》，收入国父全集编辑委员会编《国父全集》第 3 册，台北：近代中国出版社，1989，第 542 页。

[2]　关于这次演讲资料，参看陈德仁、安井三吉编『孫文·演講「大アジア主義」資料集：1924 年 11 月日本と中国の岐路』法律文化社、1989，尤其安井三吉「講演"大亜細亜問題"の成立とその構造」、1—39 頁。

之目的而西方文化则追求人生之手段。①但是在次年所出版的
《日本的觉醒》英文书中，②冈仓天心的书中就隐约显示从"亚
洲一体论"向"日本盟主论"的转移。在 1920 年代日本的论
述脉络中，作为思想的亚洲主义正逐潮转向作为行动以及作为
外交战略的亚洲主义。③1920 年代是中国人口快速增加，都市
化与棉纺织业及新闻媒体快速发展的时代，④也正是日本最蔑
视中国而中日关系最紧张的年代。⑤孙中山运用当时日本知识
界人人耳熟能详的"亚洲主义"这个概念，但是是对当时日本
的论述脉络的"去脉络化"，并将其重新植入 1920 年代中国与
日本的政治关系的脉络之中，延续其从 1918 年以降，对日本
帝国主义的公开批判，⑥呼应他的《北上宣言》，⑦呼应 1924 年 8
月 7 日中国国民党忠告日本国民宣言，批判日本排斥华工。孙

① Okakura Kakuzō, *The Ideals of the East: with Introduction and Notes by Hiroshi Muraoka*, London: John Murray, 1903; Tokyo: Kenkyusha, 1931；冈仓天心著、富原芳彰訳『東洋の理想：特に日本美術について』株式会社ぺりかん社、1980。

② Okakura Kakuzō, *The Awakening of Japan*, New York: Century Co., 1904.

③ 参考王屏《近代日本的亚细亚主义》，商务印书馆，2004。关于 20 世纪日本的亚洲主义之原典资料，参看竹内好編『アジア主義』筑摩書房、1963。

④ 狭間直樹「国民革命の舞台としての一九二〇年代の中国」狭間直樹編『一九二〇年代の中国』汲古書院、1995、3—32 頁。

⑤ 山根幸夫『大正時代における日本と中国のあいだ』研文出版、1998。

⑥ 参考陈鹏仁「孫文の大アジア主義と日本」『華岡外語学報』2004 年 3 月第 11 期。

⑦ 彭泽周:《中山先生的北上与大亚洲主义》,《大陆杂志》第 66 卷 3 期（1983 年 3 月）。

中山于 1924 年 11 月 28 日在神户的另一场演讲中，也呼吁日本协助中国废除不平等条约。孙中山以"大亚洲主义"呼吁日本扬弃侵略中国的野心，① 回归亚洲文化中的王道精神，在 21 世纪的今日，仍具有崭新的时代意义。

三　"王道文化"是 21 世纪中国的道路

世界史上绝大多数的地区在从"传统"迈向"现代"的过程中，莫不经过革命的洗礼，百年中国更是艰苦备尝。从鸦片战争以后，中国人民在西方列强侵略荼毒与革命乱离之中，以血和泪书写了中国近现代史。

20 世纪的中国，经历了忧患与苦难。1900 年，义和团包围在北京的各国使馆后，清廷向各国宣战，八国联军攻占北京城。1901 年，辛丑条约签订，中国沦为西方列强俎上肉。1911 年辛亥革命爆发，清朝覆亡，孙中山 1912 年在南京就任中华民国临时政府大总统。但是，民国成立之后忧患继踵而至：1915 年袁世凯（1859—1916）称帝，日本提出"二十一条"要求，暴露侵华野心；1917 年，张勋（1854—1923）复辟，接着是军阀混战，生灵涂炭；直到 1928 年北伐完成，中国才在形式上归于统一。但日本军阀侵华野心日益高涨，步步进逼，终在 1937 年 7 月 7 日，引爆卢沟桥事变，中国展开全

---

① 參考趙軍「"吾人之大亞細亞主義"における孫文の対日觀：孫文と大アジア主義」，氏著『大アジア主義と中国』亞紀書房、1997、第 6 章、189—234 頁。

面对日抗战。从 1937 年至 1945 年，中国历经八年全面抗战，人民流离失所，艰辛遍尝。抗战胜利之后，却又继之以国共内战，1949 年中共建政，国民党政府迁台。大陆人民在经过十年的安定之后，又历经"反右""大跃进""文化大革命"等一系列的动乱与苦难。

但是，令世人惊奇的是，"文革"结束后 30 多年的改革开放，使中国成为世界经济的新兴力量。从 2010 年起，中国的 GDP 超越日本，成为全球第二大经济体，2008 年奥运会与 2010 年上海世博会的亮丽举办，都见证了中国经济的飞跃发展。在快速发展的经济力的支持之下，中国高速铁路的建设规模、里程、速度都已跃居世界第一。中国经济的崛起，带动了亚洲的发展。日本《周刊东洋经济》曾统计：1996—2005 年的十年之间，亚洲各国之间的航空旅客增长率是 109%，远超过全球跨洲的平均增长率 60%、亚洲与北美之间的 67%、亚洲与欧洲之间的 59%，以及欧洲各国之间的 36%。海峡两岸之间的直航班机也几乎班班客满。而且，全球各地人口超过千万的 19 个大城市中，有 11 个在亚洲。亚洲的崛起是 21 世纪全球化时代可以预期的新趋势。①

在 21 世纪第二个十年开始之际，中国就像明治维新成功之后大正时代的日本一样，正站在历史的十字路口。展望未来，中国的政治发展是走向"霸道"或是"王道"？社会经济发展是

---

① 转引自张汉宜、辜树仁《全球航空争霸战，亚洲占鳌头》，《天下杂志》第 378 期（2007 年 8 月 15 日）。

走向求"义"或逐"利"？是走向"公"益或"私"利？中国的抉择不仅决定大中华圈的命运，也会影响人类的未来。①

从 21 世纪的世界局势来看，自从柏林墙倒塌、两德统一以及苏联解体以后，世界政经板块重组，区域经济大幅发展。在全球化潮流冲刷之下，民族国家逐渐"解疆域化"。②已故政治学家亨廷顿（Samuel P. Huntington，1927–2008）在 20 世纪末就著书指出：在后冷战时代，传统的国与国之间的战争将越来越少，未来的战争将是文明与文明之间的战争，爆发点常会在不同文明之间的断层产生。③亨廷顿的说法虽然仍有许

---

① 随着中国经济的崛起，中国未来的动向是美国学界关心的议题，最近有学者检讨从宋到明，中国与周边国家的互动关系，指出从 960 年到 1644 年之间中国一直依循国际权力均衡的态势，而在"和"与"战"之间移动。作者并推测，在 21 世纪，如果力量较美国弱时，中国就会采取守势；如果时势对中国有利，中国会变得较为强势。参看 Yuan-kang Wang, *Harmony and War: Confucian Culture and Chinese Power Politics*, New York: Columbia University Press, 2010。相应于中国的崛起，学者对于美国未来政策的建议也颇有分歧。基辛格在新书中认为美国应避免中美双方悲剧性的冲突，应该面对中国的崛起，以优雅的姿态让位。参看 Henry Kissinger, *On China*, New York: Penguin Press, 2010。但是也有学者指出，美国对于中美两国利益冲突的领域，应该采取强势的立场。参看 Aaron Friedberg, *A Contest for Supremacy: China, America, and the Struggle for Mastery in Asia*, New York: W. W. Norton, 2011。

② 〔德〕贝克：《全球化危机》，孙治本译，台北：台湾商务印书馆，1999，第 90—91 页。

③ Samuel P. Huntington, *The Clash of Civilizations and the Remaking of the World Order*, New York: Simon and Shuster, 1996.

多有待商榷之处，[1]但是他的预测在大方向上是与最近 20 年来的世局呼应的。在 21 世纪文明互动与对话的新时代里，中国在世界的影响力日益扩大，绝对不应重复过去二百年来近代史上所见的武力扩张与征服的霸道之路，而应张扬以文化价值的共享为基础的"王道精神"。

四　霸者必亡：历史的教训

那么，如果走"霸道"的道路会有何种结局呢？

最近哈佛大学历史系讲座教授弗格森（Niall Ferguson，1964-）在 2010 年 3—4 月号的《外交事务》（*Foreign Affairs*）上发表论文，题为《复杂性与崩溃：混乱边缘的帝国》，[2]指出历史上的帝国都是由很多交互作用的因素所组成的复杂系统，在治与乱之间迂回前进。他回顾了罗马帝国、中国大明王朝、法国波旁王朝、大英帝国以及苏联崩溃的历史，最后得出结论：大多数帝国的覆亡与财政之恶化有关。弗格森特别警告，美国的财政赤字在 2009 年已高达 GDP 的 11.2%，而公共债务在 2008 年高达 5.8 万亿美元，预计至 2019 年将高达 14.3 万亿美元，他悲观地预测美国已走到崩溃边缘。

---

① Chun-chieh Huang, "A Confucian Critique of Samuel P. Huntington's Clash of Civilization," *East Asia: An International Quarterly*, Vol. 16, No. 1/2 (spring/summer, 1997).

② Niall Ferguson, "Complexity and Collapse: Empires on the Edge of Chaos," *Foreign Affairs* (March/April, 2010).

不仅美国国势开始走下坡，欧盟的状况也不乐观。2011年 8 月 22 日出版的《时代》周刊就有一篇长文检讨欧元的危机使欧盟濒于崩解，欧盟的失业率达 9.4%，而美国已无力带动全球经济，美国失业率也高达 9.1%。至于欧元区的两大经济体德国与法国则尚无力拯救欧元。文章作者 Rana Foroohar 悲观地以《欧洲的结束》（"The End of Europe"）作为他文章的标题。①

　　弗格森与《时代》周刊对美国与欧洲崩溃的预测也许过于悲观，但是，最近二百年来大英帝国与美国国势的低落，确实与财政上过度的扩张性支出有很密切关系，而"扩张性支出"的恶化，正是厉行"霸道"政治（如发动对外战争）必然导致的结果。这些历史上的例证，也提醒我们"王道"精神在 21 世纪的新意义与新价值。

　　除历史上的大帝国实行霸道的扩张而覆亡的例证之外，亚洲近代史上最具启示性的就是日本帝国的快速崛起与失败。日本在推翻江户幕府、建立以天皇为中心的新政府的明治维新之后，国力大振，1894 年甲午海战打败清王朝，一跃而为东亚霸主，在"脱亚入欧"的思想潮流之下，逐潮走上西方列强二百年来的"霸道"之路，企图建立以日本帝国为中心的所谓"大东亚共荣圈"，为亚洲各国人民带来了至今无法抹去的历史的伤痕。近代日本"文明开化"的启蒙导师福泽谕吉（1835—

---

① 　Rana Foroohar, "*The End of Europe*," *Time*, Vol. 178, No. 7, August 2011.

1901）曾说，① 他那一代的日本人经历明治维新的大变局，每个人都有两个"身体"：上半身是"汉学的身体"，下半身是"洋学的身体"。我们不妨说：所谓"汉学的身体"就是东方的文化，所谓"洋学的身体"就是西方的文化。20世纪上半叶的日本在"洋学的身体"主导之下，走上了侵略邻国的"霸道"的历史道路，而终于在1945年8月15日宣布"无条件投降"，二战结束，日本帝国"霸业都随劫火残"！②

其实早在1924年11月孙中山发表《大亚洲主义》演讲，正告日本应回归"王道"的东方文化之前8年，印度伟大诗人泰戈尔（Rabindranath Tagore，1861-1941，获1913年诺贝尔文学奖）在1916年访问日本时，就在以《日本的民族主义》为题的演讲中告诫日本："全世界在等着观看这个伟大的东方民族从现代手中接受机会和责任以后准备做什么。如果是单纯照抄西方，那么它唤起的巨大希望将会落空。因为西方文明向全世界提出了严重的问题，但是并未找到圆满的答案。"③ 泰戈尔进一步指出：日本真正的危机在于以西方的民族主义作为动力，使日本的社会理想败于政治之手。他呼吁日本回到"不

---

① 福澤諭吉『文明論の概略』岩波書店、1997。中译本:《文明论概略·序言》，北京编译社译，商务印书馆，1995，第3页。福泽谕吉本人就是他所说的"一身两世""一人两身"的代表人物，参看〔日〕福泽谕吉《福泽谕吉自传》，马斌译，商务印书馆，1995。

② 徐复观:《东行杂感》，收入《中国文学论集续篇》，台北：台湾学生书局，1981，第252页。

③ 〔印〕泰戈尔:《民族主义》，谭仁侠译，商务印书馆，2009，第30页。

是掠夺的和机械效率的文明，而是精神文明和以人类各种深厚关系为基础的文明"。[①] 泰戈尔在 1916 年对日本的期许与孙中山在 1924 年对日本的呼吁前后呼应，都希望日本回归东方的"王道文化"。但是，1920 年代以后日本帝国弃"王道"而走"霸道"，导致了悲剧性的结局。

五　结论："王道文化"在 21 世纪大中华文化圈的实践与传承

现在，我们可以进一步探讨"王道文化"的核心价值及其实践。

孟子所提倡的"王道"，包括两个核心价值理念：第一，强调分享而不是独占。孟子所坚持的王霸之别的基础，就是义利之辨。先秦孔门"义""利"对举，崇"公利"而斥"私利"。孔子答子张问从政之道曰："因民之所利而利之"（《论语·尧曰篇》），[②] 所谓"利者，义之和也"（《易传·乾·文言》），[③] 皆指"利"之分享才能成就"义"。孟子告诫梁惠王"古之人与民偕乐，故能乐也"，[④] 启示我们"分享"正是"王道"政治的核心价值理念。

孟子的"王道"的第二个核心价值在于"推恩"与"扩

---

① 〔印〕泰戈尔：《民族主义》，第 36 页。
② （宋）朱熹：《论语集注》卷 10，收入《四书章句集注》，第 194 页。
③ （宋）朱熹：《周易本义》，北京大学出版社，1992，第 162 页。
④ （宋）朱熹：《孟子集注》卷 1，收入《四书章句集注》，第 202 页。

充"。孟子说"先王有不忍人之心，斯有不忍人之政"(《孟子·公孙丑上》)，^① 其关键在于统治者将他的"不忍人之心"扩而充之，例如大禹这种圣王"思天下有溺者，由己溺之也"(《孟子·离娄下》)，^② 所以必须将统治者的爱人之心推扩出去并加以落实。

从"王道"精神的核心价值出发，理想的政治政策是以德治国，正如孟子所说："以德行仁者王"(《孟子·公孙丑上·3》)，^③ 这种以"德"而不以"力"的新政治，可以达到"保民而王，莫之能御也"(《孟子·梁惠王上·7》)的境界，摆脱"国强必霸""霸者必亡"的历史宿命。"王道"政治必然照顾大多数人民的生活福祉，达到"养生丧死无憾，王道之始也"(《孟子·梁惠王上》)^④的小康社会。

在人类历史第三个千年纪元的第二个 10 年开始之际，历史正呼唤着中华民族回归"王道文化"的正轨。正如毛泽东(1893—1976)在《新民主主义论》中所说："中国革命是世界革命的一部分"，^⑤ 21 世纪中国在"王道"与"霸道"十字路口上的抉择，不仅决定全体华人社会的动向，也带动世界的未来命运。只有中国走向"王道"的坦途，人类的和平才获得保障。

---

① （宋）朱熹：《孟子集注》卷 3，收入《四书章句集注》，第 237 页。
② （宋）朱熹：《孟子集注》卷 8，收入《四书章句集注》，第 299 页。
③ （宋）朱熹：《孟子集注》卷 3，收入《四书章句集注》，第 235 页。
④ （宋）朱熹：《孟子集注》卷 1，收入《四书章句集注》，第 203 页。
⑤ 毛泽东：《新民主主义论》，收入《毛泽东选集》，人民出版社，1964，第 655—704 页，引文见第 659 页。

中华文化与社会的核心价值理念就是王道精神。20 世纪英国哲学家罗素（Bertrand Russell，1872–1970）曾在 1920—1921 年来中国一年，他在 1922 年出版的《中国之问题》这本小书中，虽然感叹当时中国之式微与丧乱，但是他对中国人之爱好和平、容忍异己、与人为善、喜爱自由、厌恶宰制他人等美德推崇备至。[1] 90 余年前罗素对中国文化王道精神的推崇，在中国崛起的 21 世纪特别具有深刻的启示。"王道文化"的实践与传承，是东亚文明的共同资产，也是 21 世纪中国的崛起、中华民族复兴的精神资源。

（本章系 2011 年 4 月"王道思想的当代意义研讨会"主题演讲论文，原刊于刘兆玄、李城主编《王道文化与公义社会》，桃园："国立中央大学出版中心"，2012，第 107—122 页）

---

[1]　Bertrand Russell, *The Problem of China* (London: Allen & Unwin, 1972), Chapter xi, esp. 195.

第九章
孙中山思想及其在 21 世纪的新意义与新启示

一　引言

　　从 1911 年辛亥革命至今一百多年来，中国走过了一段非常艰难的历史道路。进入 21 世纪之后，海峡两岸的华人都在历史的十字路口上徘徊。我们一起为大中华以及东亚寻求新的出路，这是非常有意义的事情，我们以孙中山先生的思想为基础，重新出发思考这个问题。更具体来讲，我们要一起探讨三个问题。第一，21 世纪东亚和平与战争的历史背景与现实状况如何？第二，孙中山 1924 年在神户提倡的"大亚洲主义"的演讲的内涵是什么？有什么历史的脉络与背景？第三，孙中山所谓"大亚洲主义"的核心价值是什么？能够给我们什么关于 21 世纪东亚的和平的新启示？本书第八章已经对孙中山的"王道文化"概念有所讨论，本章再针对孙中山在 1924 年所提出的"大亚洲主义"进行探讨，部分内容虽有重叠，但亦可互相发明。

二　历史东亚与现实东亚：从危机到转机

　　我们先从第一个问题开始，这个问题触及历史上的东亚与现实的东亚。在这个问题的提法中，所谓"历史东亚"与"现实东亚"这两个名词，可能遭遇后现代主义者的责问：所谓"东亚"是哪一个"东亚"？是什么定义下的"东亚"？是谁的"东亚"？是"作为实体的东亚"，还是"作为想象的共同体的东亚"？我所谓的"东亚"这个名词，基本含义与日本京都大学山室信一（1951—）教授所说的"东亚"一词含义相近。山室信一在《作为思想课题的东亚》^①一书中曾经说："亚细亚"这个名词基本上是欧洲人随着欧洲势力扩张而为东亚人创造的名词，他认为这是"被赋予的东亚"；实际上还有另一种"东亚"，就是"被创造的东亚"，是数千年来亚洲人民在这块土地上胼手胝足创造的自己的东亚，无待于近代西方列强来赋予"Far East"或"East Asia"之名。

　　历史上的"政治东亚"与"文化东亚"历经变迁。首先从政治上来看，大概可以分成四个阶段。第一个阶段是近代以前的东亚，这个阶段是以中国的朝贡体制作为基础，建立华夷秩序而展开的。在 20 世纪，哈佛大学费正清（John K. Fairbank，1907—1991）教授编过一本书，题为《中国的世界秩序》^②，对帝制中国的"天朝的世界观"进行了各种角度的分析。在第一个阶段里，我们由出土文物可以看到，唐朝章怀

---

① 山室信一『思想課題としてのアジア：基軸・連鎖・投企』岩波書店、2001。并参看本书第十章。

② John K. Fairbank, *The Chinese World Order*, Cambridge, Mass.: Harvard University Press, 1968.

太子在长安接见各国使节。到了明朝，永乐皇帝可以下敕令给足利义满（1358—1408），明神宗还可以下诏书给丰臣秀吉（1537—1598）。可是第一个阶段就在1894年结束了。1894年中日甲午战争黄海海战中，清朝在自强运动中经营三十年的北洋舰队被新兴的日本帝国海军击败。来年就是乙未割台，"宰相有权能割地，孤臣无力可回天"。这场战争的影响直至今日仍余波荡漾，牵动着海峡两岸中国人内心深处最敏感的那一根弦。甲午战争以后，"政治东亚"进入第二阶段，也就是20世纪上半叶以日本帝国为中心展开的所谓"大东亚共荣圈"，它使亚洲各国人民饱受日本帝国的侵略，更令中国人民用血与泪书写中国现代史。第三个阶段是二战结束后美国霸权的兴起，并在东亚建立冷战秩序。战后美国霸权是建立在非常坚实的军事实力之上的，尤其是航空母舰战斗群、可携带核子弹头的洲际飞弹、领先全球的航天科技、遍布全世界的海军基地，例如美国在西太平洋的第七舰队旗舰小鹰号航母（USS Kitty Hawk CV-63），在台湾海峡数十年，意在阻挡两岸间的战争行动，小鹰号已经退役。第四阶段则是进入21世纪的东亚，随着中国的改革开放、中国的崛起带动所谓"大中华经济圈"的发展。中国在2009年伦敦二十大工业国会议以后崭露头角，2009年以后人们不再常讲"G20"而讲"G2"。日本对中国的崛起非常紧张，在十多年前修改《日美安保条约》时加了一句话："周边有事"，所谓"周边有事"是用非常隐晦的东方式的语言，来表达日本对中国崛起的忧心。美国在提出所谓"重返亚洲"政策以后，东亚局势逐渐演变成中美两大国既合作而又对抗的局面。以上简述政治东亚在历史上演进的四个阶段。

可是东亚还有另外一面，就是"文化东亚"。"文化东亚"有它共同的元素，第一个元素就是儒学，核心价值尤其在"仁"学，从孔子、孟子到朱熹、王阳明，到绝大多数的德川时代日本儒者与朝鲜时代朝鲜儒者，都是以"仁"作为最高的核心价值。第二个共同的文化元素就是佛教，以"三法印""四谛""十二因缘"等为核心价值。日本基本上是个佛教国家。第三个共同的文化元素就是汉字。在 20 世纪以前，汉字可以说是东亚世界的拉丁文，是东亚士人文化素养的必备条件。在美国海军军舰进入德川日本的"黑船事件"打破德川日本锁国政策之后，德川幕府首次与外国签订的条约就是以汉文书写的。日本年轻人吉田松阴在美国军舰停留的某日深夜两点，爬上美国海军将领佩里（Matthew Calbraith Perry，1794–1858）在浦贺湾的旗舰，他化名用古典汉文写了一封信，自称"日本国江户府书生瓜中万二、市本公太"，爬到旗舰上面递交这封信，信的原稿由佩里的后人捐给美国耶鲁大学图书馆特藏室。[①] "文化东亚"的第四个共同平台是传统医学。1973 年在湖南长沙马王堆出土的医书，对于两千年前的中国医学有非常详细的描述，复原图上可以看到人们早上运动时的"熊经鸟申"等动作。所谓"汉方医学"在日本获得了长足的发展。

① 参见陶德民《日美建交之初一桩偷渡公案的新解读——吉田松阴〈投夷书〉在耶鲁大学档案馆发现》，《东亚文明研究通讯》第 6 期（2005 年 1 月）。

　　以上是从历史的观点看"政治东亚"四个阶段的演变，以及"文化东亚"的四个共同元素。在这样的基础上，我们可以展望 21 世纪"现实东亚"的危机与转机。"文化大革命"结束以后，改革开放的中国重新站上世界经济的高峰。最近的数据指出，中国外汇储备在 2013 年 9 月底已达 3.66 万亿美元，是世界第一位。美国向全世界各国举债，最大的债主就是中国，所以有人说：就某个意义来讲，中国已经被美国绑票，中国最担心的就是美元突然贬值，债权就缩水了。2008 年起中国能源消费快速攀升，从 2002 起中国的 GDP 年增长 10% 左右，2013 年宣称要力保 7.5%。从 2008 年北京奥运会以及 2010 年上海世博会的顺利承办，到 2013 年的神舟十号发射升空、2014 年蛟龙号下潜以及航母的建造，都见证了中国的政经实力快速崛起。在这个快速崛起的过程中，也伴随着各种社会问题，如官民矛盾、贫富矛盾、沿海省份与内陆地区发展的巨大落差。空气污染与水污染则是当前中国大陆的严重环境问题，2013 年的雾霾影响国土面积 1/4，受影响人口超过 6 亿人。除此之外，贪污腐败以及部分"80 后""90 后"的"自我中心主义"心态，亦非常令人担忧。

　　然而，随着中国经济的崛起，亚洲的复兴也是一个客观的事实。统计数据告诉我们：亚洲各国在 1996 到 2005 年航空旅客增加率高达 109%，远高过欧洲各国之间 36% 的增加率。这确实是个亚洲崛起的时代。海峡两岸直航的航班，在热门的航线（例如上海虹桥直飞台北松山）几乎每班都客满。

中国影响并带动了整个亚洲的崛起，许多人估计亚洲已经成为全球最大自贸区，以中国为主导推动的 RCEP（Regional Comprehensive Economic Partnership，区域全面经济伙伴关系协定）已经在形成之中。美国从上一届政府提出"重返亚洲"政策之后开始推动 TPP（The Trans-Pacific Partnership，跨太平洋伙伴关系）。在这样的背景下，台湾的地位就非常重要。

但是，在亚洲经济崛起一片繁荣之中，我们却感受更深一层的隐忧，那就是最近二十余年来，亚洲各国民族主义甚嚣尘上。从中国大陆的情况来看，近百年来中华民族以血与泪书写近现代史，因此以保国保种为目标的民族主义情怀非常强烈，而由于教育等因素，今日"80 后"到"90 后"的青年一代民族主义情绪都很强。随着战争苦难记忆的远离，日本青年世代的民族主义情绪也很强，现在日本社会中许多人认为首相前往靖国神社参拜，亚洲各国没有讲话的余地，因为这是日本内政。马来西亚也是民族主义很强的国家。越南亦然。因为越南革命领袖胡志明（1890—1969）打败法国，越南在越战中打败美国，还曾与中国交战，今日越南民族主义也甚嚣尘上。亚洲各国政治民族主义快速发展的现况，诚然非常令人担忧。二战结束来年的 3 月，日本学者丸山真男写了一篇文章，题目是《超国家主义的论述与心理》，后来收入他的《现代政治的思想与行动》一书。丸山真男在这篇文章中说，在日本遭受原子弹重创并无条件投降之后，他对战前日本帝国主义、国家主义进行了深刻的思考。丸山真男指出：战前"日本的国家主义始终只想把自己的统治依据，置于内容价值的实体之上"，[①] 二战结束前的日本帝国"国家主权一元性的占有精神权威与政治权力的结果，国家活动的内在本身（团体）即具有正当性的基准，因而国家的对内对外活动，并不服从任何一种超国家的道义标准"。[②] 丸山真男超过半世纪以前对战前日本帝国主义所做的分析非常深刻，直到今天仍然发人深省。当前亚洲各国存在领土争议，在经济荣景背后的擦枪走火、发生军事冲突并非绝无可能的事。

就在这样的背景里，"现实东亚"充满了危疑震撼，但是也充满转机。当前西方人是怎样看待中国与东亚的崛起呢？马丁·雅克（Martin Jacques）在 2009 年写了一本厚达 500 多页的书，书名为《当中国统治世界》(*When China Rules the World*)，[③] 开始想象中国统治世界的情况。他认为中国会走与西方国家不一样的道路，他这样的讲法跟已故日本学者沟口雄三（1932—2010）回顾近代中国史时的意见非常接近，只不过他以 500 页的篇幅论述得更详细。沟口雄三先生认为从洪秀全、孙中山到毛泽东，都在摸索一条具有中国特色的革命道

---

① 丸山真男『現代政治の思想と行動』未來社、1970。引文见中译本《现代政治的思想与行动：兼论日本军国主义》，林明德译，台北：联经出版公司，1984，第 40 页。

② 〔日〕丸山真男：《现代政治的思想与行动：兼论日本军国主义》，第 7 页。

③ Martin Jacques, *When China Rules the World: The End of the Western World and the Birth of a New Global Order* (New York: Penguin, 2009).

路。在全面抗战时期，毛泽东发表过一场重要的演讲，题目是《新民主主义论》，他问了一个问题："中国往何处去？"他说"中国革命是世界革命的一个部分"，[1] 这句话其实以另一种方式在 21 世纪取得了新的意义。近年来随着中国的崛起，在国际学术界出现一种所谓"Sino-speak"的人士，从中国观点与立场来发言，柯岚安（William A. Callahan）就在美国亚洲研究学会（Association for Asian Studies）的《亚洲研究学报》（*Journal of Asian Studies*）上发表了一篇很长的书评，评论很多这类"Sino-speak"的著作，包括马丁·雅克这本书。[2] 中国大陆也出过一本书，书名是《中国可以说不》[3]，另外有一本书是《中国不高兴》[4]，都在不同程度上呼应中国崛起的新趋势。现在很多欧美人士开始想象以中国为中心的全球秩序正在形成之中。另外一方面，美国斯坦福大学历史系讲座教授伊恩·莫里斯（Ian Morris）在 2011 年出版了一本书:《为什么西方统治世界》（*Why The West Rules – For Now*），[5] 讨论为什么西方

---

[1]　毛泽东:《新民主主义论》，收入《毛泽东选集》，第 655—704 页，引文见第 659 页。

[2]　William A. Callahan, "Sino-speak: Chinese Exceptionalism and the Politics of History," *The Journal of Asian Studies*, Vol. 71, No. 1, Feb. 2012.

[3]　宋强、乔边、张藏藏等:《中国可以说不——冷战后时代的政治与情感抉择》，中华工商联合出版社，1996。

[4]　宋晓军等:《中国不高兴: 大时代、大目标及我们的内忧外患》，江苏人民出版社，2009。

[5]　Ian Morris, *Why The West Rules–For Now* (New York: Farrar, Straus and Giroux, 2011); 中译本: 潘勋等译《西方凭什么》(台北: 雅言文化，2015)。

统治全球直到现在，隐含"再下去就是要换人坐庄了"的意思。他在这本书中提到，西方在过去那么长的时间可以主宰人类的历史与文明，主要是靠四个因素：第一个是开发能源的能力；第二个是都市化的能力；第三个是处理信息的能力；第四个是发动战争的能力。

今日身处亚洲的我们刚好是在这两大背景之下，站在一个历史的十字路口上。1925 年青年毛泽东在题为《沁园春·长沙》的词中写道："怅寥廓，问苍茫大地，谁主沉浮？"①今天东亚的国际问题，不只是"谁主沉浮"的问题，而更是思想出路的问题。21 世纪的东亚各国与人民，是要重复两百年来西方帝国主义和资本主义国家的霸道政治，而像二战结束前日本帝国一样的走向灭亡；还是要回到东亚传统文化中的王道精神，而走向共存共荣的新世界秩序？就是在这样历史的十字路口上，孙中山先生对我们有极大的启示。

三　孙中山"大亚洲主义"的内涵及其历史背景

接着进入我们今天演讲的第二个问题：孙中山先生"大亚洲主义"的内涵及其历史背景。孙中山 1924 年与宋庆龄（1893—1981）到达神户，在神户高等女校对五团体发表演讲，实际上，早在 1913 年的 2 月 15 日孙中山在《中日须互

---

① 毛泽东：《沁园春·长沙》，收入《毛主席诗词》，人民文学出版社，1963，第 1—2 页。

相提携（在日本东亚同文会欢迎席上演讲）》，[①] 以及同年 2 月 23 日《学生须以革命精神努力学问（在东京对留学生全体演讲）》[②] 这两篇讲词中，就已经提出对中日关系的看法，不过当时他讲得比较隐晦。在神户这一次演说就讲得很清楚明白。我们介绍一下他演讲的时空背景。孙中山抵达神户的这一天，中国国民党党员在东方大饭店举办欢迎会，他演讲的地点就在神户高等女学校。大概十年前，承蒙日本神户大学的好意，我在神户大学主办的国际研讨会发表主题演讲，神户大学的朋友带我去参观中山先生在神户相关的遗迹，其中有一个名为"移情阁"的建筑，是当时神户的华侨富商所建，也就是孙中山先生在神户时下榻的处所。当时演讲会的口语翻译者是戴天仇（戴季陶，1891—1949）先生，而在孙中山演讲时，宋庆龄则对神户高等女校的学生发表英文演讲。孙中山发表演讲的隔天，《神户新闻》便以头版头条报道，9 天之后，《民国日报》才报道当时的演说词。孙中山访日期间，日本官方派出许多特务，一天 24 小时地监视，当时的日本特务做事情严谨认真，将孙中山几点几分见什么人都写得很详细。

　　这场重要的演讲可以归纳成四个要点。第一，孙中山告诉日本人：日本废除不平等条约，即是亚洲复兴的起点。第

---

① 孙中山：《演讲·中日须互相提携（民国 2 年 2 月 15 日晚在日本东亚同文会欢迎席上演讲大要）》，收入《国父全集》第 3 册，第 136 页。

② 孙中山：《演讲·学生须以革命精神努力学问（民国 2 年 2 月 23 日在东京对留学生全体演讲）》，收入《国父全集》第 3 册，第 141—145 页。

二，他谈到最近一百年来欧洲文化与中国文化的对比，也就是科学的，注重功利、武力的"霸道文化"，与注重仁义道德的"王道文化"的对比。孙中山先生说，从小国尼泊尔对待中国和对待大英帝国的态度之不同，就可以看出来这两种文化在尼泊尔人民心中的感受。第三，孙中山认为1920年代世界问题的核心在于文化，也就是东方文化与西方文化的冲突与比较的问题。第四点是他的结论，孙中山先生说，明治维新已经成功了，既具有东方王道文化，又学习了西方的霸道文化。日本到底要做西方霸道文化的鹰犬，还是做我们东方王道文化的干城，就看日本的选择。[①] 很不幸地，日本选择了前者，发动侵略战争为亚洲各国带来被侵略与被殖民的苦难，日本最终战败而无条件投降。

孙中山先生选择在1920年代的日本讲"大亚洲主义"有其时代背景。所谓"大亚洲主义"是日本明治维新以后学界与民间共同的思想潮流。综观日本的"亚洲主义"思想的系谱，这一思想的形成经历了如下过程：1881年玄洋社成立，西园寺公望（1849—1940）与中江兆民（1847—1901）等人创办《东洋自由新闻》，提倡"东亚一体"；1885年，近代日本"文明开化"的导师福泽谕吉提倡"东亚论"；继而樽井藤吉（1850—1922）、基督教徒内村鉴三（1861—1930）提倡无教会主义。孙中山的好朋友宫崎滔天（1871—1922）在

[①]　孙中山：《演讲·大亚洲主义（民国13年11月28日在神户高等女校对神户商业会议所等五团体演讲）》，收入《国父全集》第3册，第535—542页。

《三十三年之梦》①这本回忆录中，描述了很多他与孙中山、黄兴等人的交往经验。这些人都可归属到"亚洲主义"思想的系谱。1903 年美术史大家冈仓天心写了一本英文书 *Ideals Of the East: with introduction and notes by Hiroshi Muraoka*②（此书在二十几年以后被翻译成日文）。1904 年爆发日俄战争，日本获胜，日本在那么短的时间内打败清朝、打败俄国，成为当时亚洲的新强权，同年冈仓天心所出版的 *The Awakening of Japan*③一书，所呈现的思想就有所转变，我们在百余年后的今天重新读此书，在赞叹冈仓天心英文流利之余，也可以感受其思想的转变。所谓"亚细亚主义"是日本明治维新以后一种源远流长的世界观与思想，孙中山先生相当敏锐，当时日本人只讲"亚洲主义"，他加一个"大"字，在 1924 年就以"大亚洲主义"为题来发表演讲。日本亚洲主义思想系谱源远流长，日本著名作家竹内好（1908—1977）最尊敬的人就是鲁迅（1881—1936），所以八年全面抗战期间，竹内好精神上很痛苦，因为他的"政治的祖国"正在侵略他的"文化的祖国"。竹内好在

---

①　宫崎滔天著、宫崎龍介、衛藤瀋吉校注『三十三年の夢』平凡社、1967。中译本：《三十三年之梦・宫崎滔天自传》，陈鹏仁译，台北：水牛出版社，1989。

②　Okakura Kakuzō, *Ideals of the East: with Introduction and Notes by Hiroshi Muraoka*, London: John Murray, 1903; Tokyo: Kenkyusha, 1931；日译本：岡倉天心著、富原芳彰訳『東洋の理想特に日本美術について』株式会社ぺりかん社、1980。

③　Okakura Kakuzō, *The Awakening of Japan*, New York: Century Co., 1904.

战后 1963 年编了一本《亚细亚主义》。[1]1993 年，东京大学著名教授沟口雄三等人还编了七卷本的《从亚洲出发思考》，[2] 也可以放在日本"亚细亚主义"的思想光谱之中考察。孙中山就是在日本人所熟悉的"亚细亚主义"的概念中，进行一种所谓"脉络性的转换"（contextual turn），[3]孙中山将日本人所熟知的"亚洲主义"的脉络加以转换，用以提醒日本人，慎选未来的道路。

　　我们继续分析孙中山"大亚洲主义"论述的历史脉络。1920 年代是世界历史快速翻动的关键时期，也是台湾历史的转型关键，1920 年代的台湾从武装抗日走向议会斗争，1928 年"台北帝国大学"（今日的台湾大学）创校。在日本帝国主义统治台湾的时代，1930 年发生了雾社事件，日本军队用最先进的毒气瓦斯杀害台湾的世居民族。1920 年代也是欧美政治风云变幻的年代，1922 年意大利法西斯当道、苏联政权成立，1924 年列宁（1870—1924）去世，斯大林（1879—1953）上台。1921 年希特勒（1889—1945）成为纳粹党的党魁。1929 年美国发生经济萧条。1920 年代也是亚洲政治风云变幻的时代，日本人蔑称当时台湾人为"清国奴"。1925 年孙中山

---

①　竹内好編『アジア主義』東京：筑摩書房，1963。

②　溝口雄三等編『アジアから考える』東京大学出版会、1993—1994，共 7 卷。

③　参考拙著 Chun-chieh Huang, *East Asian Confucianisms: Texts in Cointexts*, Göttingen and Taipei: V&R unipress and National Taiwan University Press, 2015, pp. 41-56。

逝世，1926 年蒋介石誓师北伐，1928 年台湾共产党成立于上海。就是在这样一个特殊的历史脉络里面，孙中山先生发表这场演讲。我们刚才为了了解这场演讲，把它放在宏观的历史背景里面来看。在中国国内，黄埔军校在 1924 年 6 月 16 日成立，因为当时的孙中山深深地认识到，没有武力，革命事业非常艰难。接着中国历史的发展就是北伐、抗战、内战，1949 年中华人民共和国成立，国民党政权迁台。

　　孙中山提倡"大亚洲主义"的时候，中日关系的特定脉络也值得我们注意，1924 年 1 月 31 日，中国国民党第一次全国代表大会宣言提出"军阀本身，与人民利害相反，不足以自存。故凡为军阀者，莫不与列强之帝国主义发生关系"。[1]同年 8 月 7 日，中国国民党发表《中国国民党忠告日本国民宣言》[2]提醒日本人，排斥华工跟日本所提倡的"亚洲人种大团结"正好背道而驰。1924 年 11 月 10 日，孙中山发表《北上宣言》，[3]主张打倒军阀赖以生存的帝国主义，废除不平等条约，召开国民会议。就在这样一个特定的中日关系的脉络里面，1924 年 11 月 28 日孙中山在神户呼吁日本应该帮助中国废除不平等条约。

　　近代日本的"亚洲主义"有各种表现，1920—1940 年代

---

①　孙中山：《宣言及文告·中国国民党第一次全国代表大会宣言（民国 13 年 1 月 31 日）》，收入《国父全集》第 2 册，第 131—139 页，引文见第 132 页。

②　孙中山：《宣言及文告·中国国民党忠告日本国民宣言（民国 13 年 8 月 7 日）》，收入《国父全集》第 2 册，第 155—156 页。

③　孙中山：《宣言及文告·北上宣言》，收入《国父全集》第 2 册，173—176 页。

日本的亚细亚主义虽然是一种价值理念，某些少壮军人的亚细亚主义却可以转化为军事行动，例如石原莞尔（1889—1949）就是一个具体个案，石原莞尔是九一八事变的首谋，官阶是陆军中将，指导东亚联盟。另外，日本的亚细亚主义也可以转化成一种外交战略。在二战期间，日本政界与知识界有两个态势并进而行，"北进论"者认为欲统治世界必先控制亚洲，欲控制亚洲必先控制中国，欲统治中国必先统治"满蒙"，所以挥军东北；另外一个是所谓"南进论"，主张"新殖民地"以台湾作为基地，推动所谓"南进政策"，"台北帝国大学"就被视为日本帝国"南进"的学术基地。更细腻地来看日本的一般知识分子思想的变化，冈仓觉三另外一个名字是冈仓天心，1903 年他的书《东洋的理想》以英文撰写，其后才被翻译成日文，冈仓先生提倡"亚洲主义"。书中第一句话是"Asia is one"，最后一句话说"Victory from within, or a mighty death without"。在这本书中，冈仓先生主张，东方文化抱探求人生之目的，西方文化抱探求人生之手段的目的。这个讲法跟孙中山先生主张王道是东方的，霸道是西方的，可以说是如出一辙。日俄战争获胜给日本知识界带来前所未有的信心，1904 年，冈仓天心的思想也随之改变了，他另写一本书 The Awakening of Japan。此书从"亚洲一体论"转向所谓"东洋盟主论"，即以日本为东洋的盟主。孙中山敏锐地感觉到日本变了，所以他在神户的演讲中以"王道"精神要求日本审慎抉择。中国共产党创党人之一李大钊（1889—1927）于 1919 年在《国民》杂志发表《大亚细亚主义与新亚细亚主义》。他认为亚细亚主义其实就是大日本主义的伪装，而他提倡的"新亚细亚主义"正是反对日本侵略亚洲的主义。李大钊的主张与中山先生互相呼应。

四 王道精神与 21 世纪东亚的道路

现在，我们就进入今天演讲的第三个问题：王道精神与 21 世纪东亚的道路。孙中山的"大亚洲主义"的核心价值，其实来自孟子。中山先生在《三民主义》演讲里曾经讲道："余之谋中国革命，其所持主义，有因袭吾国之传统思想者，有规抚欧洲之学说事迹者，有吾所独见而创获者。"[①]他说他"因袭吾国之传统思想者"，就是尧、舜、禹、汤、文、武、周公、孔、孟的思想，孙中山思想与中国传统文化有其深刻之关系。[②]"王道"这个名词，虽然出现在《诗经》等古典中，但是第一个使用在政治思想脉络中的就是孟子。孟子说："以力假仁者霸，以德行仁者王"，[③]在孟子政治思想中"霸"与"王"对比，是"力"与"德"的对比。"王道"的基础在于"不忍人之心"。[④]孟子的"不忍人之心"这个理念，对日本的

① 孙中山:《论著·中国革命史（民国 12 年 1 月 29 日）》，收入《国父全集》第 2 册，第 354—363 页，引文见第 355 页。
② 参看余英时《孙逸仙的学说与中国传统文化》，收入氏著《人文与理性的中国》，台北：联经出版公司，2008，第 387—416 页。
③ 见（宋）朱熹:《孟子集注》卷 3，收入《四书章句集注》，第 228 页。
④ 见（宋）朱熹:《孟子集注》卷 3，收入《四书章句集注》，第 237 页。

影响很大。现在东京有一个上野公园，里面有一个小小的池塘就被命名为"不忍池"（しのばずのいけ），"不忍池"就取自孟子"不忍人之心"，其实日本历代天皇的年号都是出自中国的古典，从《尚书》《左传》《易经》《孟子》《论语》到《汉书》等。百余年来，中日两国之间实在是爱恨情仇，关系太复杂了。孟子主张"不忍人之心"就能够开出"不忍人之政"，因为"仁者无敌"。① 什么是"不忍人之心"呢？孟子说：

> 所以谓人皆有不忍人之心者，今人乍见孺子将入于井，皆有怵惕恻隐之心；非所以内交于孺子之父母也，非所以要誉于乡党朋友也，非恶其声而然也。由是观之，无恻隐之心，非人也；无羞恶之心，非人也；无辞让之心，非人也；无是非之心，非人也。恻隐之心，仁之端也；羞恶之心，义之端也；辞让之心，礼之端也；是非之心，智之端也。人之有是四端也，犹其有四体也。有是四端而自谓不能者，自贼者也；谓其君不能者，贼其君者也。凡有四端于我者，知皆扩而充之矣，若火之始然，泉之始达。苟能充之，足以保四海；苟不能充之，不足以事父母。②

孙中山的"大亚洲主义"的核心价值就是"王道"，"王

---

① 见（宋）朱熹：《孟子集注》卷1，收入《四书章句集注》，第206页。
② 见（宋）朱熹：《孟子集注》卷1，收入《四书章句集注》，第237页。

道"一词在《孟子》一书中阐释最为详明。"王道"的核心价值就是"不忍人之心"。抗战时期东北的伪满州国最高政治口号就是建设"王道乐土",[①] 但是,以"王道"作为建国的口号,却无法阻挡伪满州国成为日本帝国主义的傀儡,这是非常值得我们反省的历史事实。

我们对孙中山思想的反省要放在世界史以及亚洲近代史的脉络进一步来看。哈佛大学弗格森教授(Niall Ferguson)研究发现,罗马帝国、中国明朝、大英帝国以及苏联之所以以惊人的速度崩溃,都跟财政恶化有关。弗格森特别警告,美国的财政赤字在 2009 年已经高达 GDP 的 11.2%,已经走到崩溃的边缘,这是一位非常有成就的学者对美国的前景的忧虑。[②] 我们再看欧洲的状况,在 2011 年 8 月 22 日《时代》周刊的封面报道就是《欧洲的衰亡》("The Decline and Fall of Europe"),[③] 这期内容讨论欧债危机等,谈到年轻人失业率高达百分之二十几甚至四十几。美国与欧洲进入 21 世纪以后之所以面对巨大财政危机,原因虽不一而足,但都与扩张性支出很有关系,而扩张性支出之所以大增,与"霸道"的政策有着深刻之关系。

我们再来看看亚洲的状况怎么样。福泽谕吉是一位对近

---

① 橘樸『大陸政策批判·滿州新国家建国大綱私案』氏著『橘樸著作集』(二) 勁草書房、1966、66—71 頁。

② Niall Ferguson, "Complexity and Collapse: Empires on the Edge of Chaos," *Foreign Affairs* (March/April, 2010), pp. 18-32.

③ *Time,* Vol. 178, No. 7, August 22, 2011.

代日本极有影响力的知识分子，福泽谕吉提倡"文明开化"，鼓吹自由民权的独立精神，他在所著《劝学篇》一书的第一句话就说："天不生人上之人，也不生人下之人。"[①] 可是他对内与对外说法不一样，他对当时刚刚被日本殖民统治的台湾，发表了许多具有强烈帝国主义倾向的言论。[②] 他提倡脱亚论，关于"脱亚入欧"一词，曾有日本学者考证"脱亚"与"入欧"四字连用，并不是福泽谕吉第一次使用，这可能也是事实。在孙中山逝世前的 1916 年，获得诺贝尔文学奖的印度诗哲泰戈尔访问日本的时候就告诫日本人，日本真正的危机在于以西方的民族主义作为国家发展的动力。日本接受的是以西方的民族主义作为立国基础的理念。日本帝国走"霸道"的结果是什么呢？那就是国强必霸之国家的结局。20 世纪中国儒家学者徐复观的诗写道："霸业都随劫火残。"[③] 今日我们从历史视野来看，战前日本帝国主义是以帝国的发展、以自我的利益为核心，缺乏共同价值观（例如和平）作为精神与思想基础。当代日裔美籍著名学者入江昭（Akira Iriye）对这个问题有所析论。入江先生曾任芝加哥大学讲座教授、哈佛大学讲座教授，现在已经退休。以一个外来的移民身份，曾获选为拥有将近两百年历史的美国历史学会会长，后来也获选为美国外交史学会

①　〔日〕福泽谕吉：《劝学篇》，群力译，商务印书馆，1996，第 2 页。
②　参考黄俊杰《十九世纪末年日本人的台湾论述：以上野专一、福泽谕吉与内藤湖南为例》，收入氏著《台湾意识与台湾文化》，台北：台大出版中心，2007，第 39—70 页。
③　徐复观：《东行杂感》，收入《中国文学论集续篇》，第 252 页。

会长，他曾发表一篇论文《日本帝国主义的意识形态》，[①] 非常有力地分析了日本帝国主义的意识形态，与我刚才所讲的丸山真男的论点不谋而合。当代的中国随着经济的发展而带动东亚的繁荣，使当前中国与明治维新以后的日本神似，都站在历史抉择的十字路口上。在这个十字路口上，孙中山思想就有了新的意义与新的价值。

五　结语

最后，我们可以提出一些结论。首先，21 世纪的中国与亚洲已经挥别 20 世纪革命的岁月，我们要以孙中山的王道精神迎向 21 世纪亚洲的和谐与和平。今天是中国崛起的新时代，我们知道"神舟五号"成功落地的时候，美国主流媒体《纽约时报》还创造了一个新的英文单词："Taikonaut"，航天员的英文单词是"Astronaut"，《纽约时报》创造"Taikonaut"这个新单词特称中国航天员，当时可以说是杨利伟个人专属英文单词。今天两岸已经有了新的局面。在座两位代表大陆中山研究的两个重要单位来到台北"国父纪念馆"，真是非常难得、非常殊胜的一件事情，在这个历史的十字路口，深思东亚未来的和平实在是重要的课题。

---

① Akira Iriye, "The Ideology of Japanese Imperialism," in Grant K. Goodman, ed., *Imperial Japan and Asia: A Reassessment*, Occasional Paper of the East Asia Institute, Columbia University, 1967, pp. 32-45.

我们今天在台北"国父纪念馆"缅怀中山先生思想，我们身处台湾，台湾位于地球最大海洋太平洋与最大陆块欧亚大陆的交界处，四百年来一直是汉民族海外移民最大岛屿。台湾的文化是以中华文化为基础而展现的多元文化，好像是一首杂音很多的交响曲，从荷兰、郑和、清朝到日本，到"中华民国政府"，台湾历经不同文化背景的统治者，每一个统治者都拿着一个很大的橡皮擦，要擦拭以前的统治者所留下的历史的印记。所以，台湾从某个角度来讲，很像欧洲中古时代纸张还没发明以前珍贵的羊皮纸，一代一代的写手留下了许多历史的印记。"开万古得未曾有之奇，洪荒留此山川作遗民世界"，这是沈葆桢（1820—1879）题台南延平郡王祠的楹联的上联。在大中华文化圈中，台湾这个地方最幸运，也最值得珍惜，因为台湾没有经过长时间内乱，资本主义文化在台湾所造成的精神污染也相对轻微。台湾真正的力量，不在于高层的政客，也不在于大资本家，而是在于善良而充满慈心与悲心的民间社会。①在台湾民间社会的义工活动中，我们常常看到很多人发自善心实践利他精神，这岂不就是孙中山先生讲的"王道"精神在社会上的一种具体化行动吗？台湾是大中华的瑰宝，台湾与大陆的互动与交流，将来一定可以引导 21 世纪中华民族走向复兴的道路。让我们一起缅怀中山先生，弘扬中山思想，共

---

①　我在拙著中对这一点有所发挥，参看 Chun-chieh Huang, *Taiwan in Transformation: Retrospect and Prospect*, New Brunswick and London: Transaction Publishers, 2014, p. 185。

创 21 世纪的和平亚洲。

（本章系 2013 年 11 月 12 日在台北举行的"纪念孙中山：华人文化与当代社会发展"国际学术研讨会上的主题演讲讲词）

第十章
从思想史视野论东亚研究的几个方法论问题

——山室信一理论的再思考

一　引言

进入 21 世纪之后，随着全球化趋势的快速发展，以及由中国经济发展所带动的亚洲之崛起，东亚研究在国际学术界重新获得前所未有的重视。在近年来如雨后春笋般出版的各种语言的东亚研究新著中，日本京都大学山室信一教授的《作为思想课题的亚洲》，[①] 是一部体大思精、见解深刻的著作。

山室信一这部著作卷帙浩繁、论述严谨，但对于东亚研究理论感兴趣的读者，最重要的应是"序章：对亚洲的思想史探索及其视角"这一章。[②] 山室教授在此章中钩玄提要，提出他从思想史角度研究东亚的理论及其问题意识，涉及许多问

---

① 山室信一:『思想課題としてのアジア：基軸・連鎖・投企』東京：岩波書店，2001。

② 山室信一所著序文之中译本参见山室信一《对亚洲的思想史探索及其视角》，田世民译，收入〔日〕山室信一等《论坛：东亚研究方法论的再思考》，《台湾东亚文明研究学刊》第 10 卷第 2 期（2013 年 12 月），第 326—349 页。本章引用此文均为《台湾东亚文明研究学刊》中之中译本页码。

题，值得进一步探讨。

二　山室信一的出发点与理论基础：若干问题的思考

（一）两个出发点

山室信一的亚洲研究的出发点有二：一是"从日本出发思考"，二是"从近代出发思考"。山室信一首先指出，亚洲是被欧洲人所赋予的地理名词，但是，正因为"亚洲"是由外部的他者所赋予，所以，亚洲人更该致力于创造属于自己的亚洲。于是，"被赋予的亚洲"与"被创造的亚洲"之间，便形成某种难以化解的紧张关系。山室信一指出近代日本人一方面抵抗"被赋予的亚洲"，但又致力于建构"被创造的亚洲"，他这种论点极具卓识。我认为明治维新成功以后日本所形成的这种既否定而又肯定"亚洲"的社会氛围，可以被称为"近代日本主体性的焦虑"。山室信一从近代日本历史经验切入，目光如炬，切中肯綮。

其次，山室信一思考问题的第二个出发点是近代历史经验，他问：

亚洲这个区域是何时以什么样的过程被纳入"近代世界"的？并且因此在区域内产生什么样的变化？还有，透过将日本和亚洲差异化乃至同一化，到底有什么意图？提出了什么样的问题？在那里，将亚洲统整为一个世界

的要因被认为是什么？或者说，我们有必要厘清，过去
以来是如何讨论这个问题：究竟亚洲是否具有足够的有
机一致性，能够掌握为一个世界？①

　　山室信一从"近代性"（modernity）切入，所提出的上
述问题极为深刻，确实一针见血。山室信一笔下的"近代世
界"是以近代欧洲历史经验所形塑的"近代"，他以"民族国
家"（nation state）、主权国家的建构作为指标，在其书中分
析近代日本在亚洲历史展开过程中所扮演的角色，他将"亚
洲"这个地理空间当作"近代"法政思想的课题加以处理，②
这就好像手握一把精巧而锐利的"近代"手术刀，进入历史
的解剖室切割近代亚洲历史的肌理，恍如庄子笔下的庖丁之
解牛，"以神遇而不以目视"（《庄子·养生主》），③手起刀落，
肌理分明。

------

① 〔日〕山室信一：《对亚洲的思想史探索及其视角》，田世民译，收入〔日〕
　山室信一等《论坛：东亚研究方法论的再思考》，《台湾东亚文明研究学
　刊》第 10 卷第 2 期（2013 年 12 月），第 330 页。
② 2000 年 12 月 7 日山室信一应邀在"中央研究院"近代史研究所发表演
　讲，就分析明治日本走向主权国家、民族国家的道路，以瓦解具有千年
　历史之东亚册封体制，并分析近代日本对东北亚区域秩序之构想。见
　〔日〕山室信一《近代日本的东北亚区域秩序构想》，"中央研究院"东北
　亚区域研究，2001。
③ （清）郭庆藩撰，王孝鱼点校《庄子集释》第 1 册，中华书局，1961，第
　119 页。

　　但是，我想追究的是：山室先生所谓的"近代性"是否因为被欧洲经验所掌控而终不免沦为古希腊神话所谓的"普罗克斯提的床"（Procrustean bed）？从学术"血脉"[①]（けつみゃく，伊藤仁斋语）的谱系来看，山室信一对"近代性"的论述与 20 世纪日本学界诸多前辈一脉相承。举例言之，内藤湖南虽然认为唐末五代亦即公元第 10 世纪以降的中国是"近世"的开始，对宋代文化的先进性推崇不已，[②] 但是内藤史学中的"近代"实际上是以欧洲近代历史经验作为典范。[③] 二战以后，岛田虔次（1917—2000）析论中国近代思维的"挫折"，也是以欧洲近代思想发展之轨迹作为参照系，认为明末李贽（卓吾，1527—1602）所代表的近代式思维，由于缺少近代欧洲所见的中产阶级作为社会基础，而终于惨遭"挫

---

①　伊藤仁斋『語孟字義』『日本倫理彙編』（五）、11 頁，在仁斋用语中，学问"血脉"与"意味"对比，前者较后者深刻。

②　内藤湖南「概括的唐宋時代觀」『歴史と地理』第 9 卷第 5 號、1922 年 5 月、頁 1—11。此文有中译本：《概括的唐宋时代观》，黄约瑟译，收入刘俊文主编《日本学者研究中国史论著选译》第 1 卷，中华书局，1992，第 10—18 页。

③　"内藤史学"之以欧洲历史作为断代之标准这一点也获得"内藤史学"的传人如宫川尚志与宫崎市定的确认，参考 Hisayuki Miyakawa, "An Outline of the Naitō Hypothesis and Its Effects on Japanese Studies of China," *Far Easter Quarterly,* XIV:4 (Aug. 1955), pp. 513-522; Miyazaki Ichisada, "Konan Naitō: An Original Sinologist," *Philosophical Studies of Japan,* 8 (1968)。

折"。[①]山室信一思想中的"近代"基本上与内藤湖南、岛田虔次甚至和丸山真男一样，都以西欧近代经验为最高标准，而忽略世界近现代史中所出现的"多元现代性"（multiple modernities）。[②]

（二）理论基础

山室信一这部书的理论基础在于以思想"基轴""连锁""投企"等三个角度，对近代亚洲的发展提出一套深具说服力的解释，他说：

> 如果说本书有若干创意性的话，或许是在借由提出这三个视角，来尝试将亚洲这个区域世界掌握为，由以思想基轴所认识的（conceived）空间、以思想连锁所联系的（linked）空间、以思想投企所投射、企划的

① 島田虔次『中国における近代思惟の挫折』筑摩書房、1949、1970。岛田先生在 1982 年回顾他这本重要著作时说："本书遵循王阳明——泰州学派——李贽这样的思想发展路径，论证了它是处于危机中的近世士大夫的生活和意识的必然产物，而且，探求这个思想'运动'为什么在李贽死后竟终息了的原因。其所以以'近代思维的挫折'为题，乃是假定以欧洲的社会和思想的发展为典型而进行思考的话，那么，因为所谓布尔乔亚市民社会在中国并未形成，所以作为思想来说，它们是一定要失败的。"见〔日〕岛田虔次《战后日本宋明理学研究的概况》，《中国哲学》1982 年 3 月第 7 辑。沟口雄三对岛田学说曾提出深刻的批判，参看溝口雄三『中国前近代思想の屈折と展開』東京大学出版会、1980。
② 丸山真男『日本政治思想史研究』。

（projected）空间所构成的三面性的总体这一点上。①

这一段理论论述高屋建瓴，由"基轴""连锁""投企"三个角度出发，提出许多问题意识，宏观视野与微观分析熔于一炉而冶之，令人赞叹！

针对此书的理论基础，我想提出以下两点进一步的思考：第一，山室信一采取将"空间"作为"思想"的研究进路，必须面对一个问题："思想领域"与"政治领域"之间具有"不可互相化约性"（irreducibility），因为前者的"运作逻辑"（modus operandi）并不等同于后者的"运作逻辑"。举例言之，1945年以前日本帝国统治下的伪满洲国标榜"王道乐土"的"思想基轴"，但却丝毫无法拯救东北地区中国人民之辗转呻吟于日寇铁蹄之下。

关于这一点，山室信一亦有所警觉，他说：

> 必须留意的是，"作为实际状态的亚洲"与"借由思想基轴所认识的亚洲"，理所当然并不一致。不如说，到底借由思想基轴所认识的亚洲，只不过是与外部世界的实际情况区别开来而独立存在的观念产物，完全是作为认识地图（cognitive mapping）而存在的。如

① 〔日〕山室信一：《对亚洲的思想史探索及其视角》，田世民译，收入〔日〕山室信一等《论坛：东亚研究方法论的再思考》，《台湾东亚文明研究学刊》第10卷第2期（2013年12月），第331页。

此所获得的亚洲图像亦可视为社会的想象态（social imaginary）。……在此提出思想基轴这个视角，也正是为了切入其机制（mechanism），去探究那个编织出并内化那些亚洲认识的核心概念到底为何，并且它又是如何变成影响现实的驱动因素的。①

根据以上这一段话，我推测：山室信一大概是以所谓思想基轴作为他的一种亚洲研究中的工具，类似韦伯所说的研究者"心灵的建构"（mental construct）。②

第二，亚洲作为"区域世界"到底应如何被认知？这个问题值得思考。山室信一说：

在以亚洲这个空间的问题性为对象的本书当中，"区域世界"这个用语意味着，超越日本、中国及朝鲜等政治社会所成立的跨国界的（trans-national）空间。这个区域世界既可以在主观的归属感的层次上去掌握，亦可以在透过条约或交易所成立的具体国家、民族间秩序的层次上去掌握，前者的问题将于第一部、后者的问题将于

---

① 〔日〕山室信一：《对亚洲的思想史探索及其视角》，田世民译，收入〔日〕山室信一等《论坛：东亚研究方法论的再思考》，《台湾东亚文明研究学刊》第 10 卷第 2 期（2013 年 12 月），第 335 页。

② Max Weber, translated and edited by Edward A. Shils and Henry A. Finch, *The Methodology of Social Sciences*, New Brunswick, NJ: Transaction Publishers, 2011.

第三部分别讨论。此外，所谓的政治社会乃至区域社会，是总括性地意指王朝体制或专制国家等形态，或是处于殖民地状态的亚洲各地之各国家和民族。其政治社会一方面受来自欧美及日本的政治、思想冲击而改变固有的政治体制和思想体制，一方面朝向国民国家的形成而迈进，这里构成第二部所探讨的思想连锁。①

由于"区域世界"这个研究概念的成功运用，山室信一的大著纲举目张，体系分明。但是，我们应进一步考虑的是：作为跨国界的（transnational）"区域世界"的"亚洲"，只能存在于亚洲各国之间具体而特殊的互动关系之中，而不是超越于各国之上的抽象概念。正如山室信一所说："不是将日本、亚洲、世界视为各自孤绝的存在，而是视为构成相互交叉、具有套匣式结构的复合关系性诸相的存在，去探讨其中产生了什么样的空间规定性。"②所谓"亚洲"是在亚洲各国人民互动交流之中所创造而交互影响的、类似佛教华严宗所谓的"因陀罗网境界"，其中充满了亚洲各国人民的劳动、欢笑与血泪，更充满了各国官员互动之际"政治认同"与"文化认同"的紧

①　〔日〕山室信一：《对亚洲的思想史探索及其视角》，田世民译，收入〔日〕山室信一等《论坛：东亚研究方法论的再思考》，《台湾东亚文明研究学刊》第 10 卷第 2 期（2013 年 12 月），第 331 页。

②　〔日〕山室信一：《对亚洲的思想史探索及其视角》，田世民译，收入〔日〕山室信一等《论坛：东亚研究方法论的再思考》，《台湾东亚文明研究学刊》第 10 卷第 2 期（2013 年 12 月），第 331 页。

张。山室先生说得好："亚洲不但是透过论述来认识的对象，而且是思想和制度连锁的场域，同时也是诸民族相互竞争、反复相互交涉的空间。更重要的，那里是众多国家和民族既敌对又要求合作、相互角力的竞技场（arena）。"[①] 这是动态而作为过程的亚洲，不是静态而作为结果的亚洲。[②]

三　山室信一理论的展开及其内部问题

（一）思想基轴

山室信一理论的第一个层次是"思想基轴"，他解释说：

> 　　将识别那样的空间、确认区域世界一致性的感觉、并成为划分方式基准的概念，称之为"思想基轴"。思想基轴是一种假说，为了掌握透过此中心概念而构成的图像来理解、解释世界的情况。就区域认识而言，思想基轴作为一项基准，以凸显对象，并从中找出共通性和类似性、总括出具备一致性的世界。同时，（思想基轴）具备一种功能，将其域内的多样性归纳成一个特征，并且

---

① 引文见〔日〕山室信一:《对亚洲的思想史探索及其视角》，田世民译，收入〔日〕山室信一等《论坛：东亚研究方法论的再思考》，《台湾东亚文明研究学刊》第 10 卷第 2 期（2013 年 12 月），第 330 页。

② 引文见〔日〕山室信一:《对亚洲的思想史探索及其视角》，田世民译，收入〔日〕山室信一等《论坛：东亚研究方法论的再思考》，《台湾东亚文明研究学刊》第 10 卷第 2 期（2013 年 12 月），第 343 页。

与其他的区域世界进行差异化。[①]

所谓"思想基轴"是一种建立"区域世界"的整体感的概念，但是，我想进一步追问的有以下三个问题：

1. 所谓"思想基轴"之思想内涵、价值理念或社会氛围等，源起于何时、何地、何人？经过何种历史过程发展而成为亚洲人共享的"思想基轴"？

2. 经过以上第一个问题的探索，我想进一步探问：由于自古至今，不论是亚洲内部各国之间交流或是东亚之间的交流或是东西之间的交流，都是一种在权力上与文化上不对等的（asymmetrical）交流，所以，源起于某地区或某国家的"思想基轴"如中国传统思想中的"天下"或"中国"概念，或者近代西方的"人权"概念，多半会转化成葛兰西（Antonio Gramsci，1891–1937）所谓的"文化霸权"（cultural hegemony）[②]论述，因此，"文化霸权"的建构与解构，就成为亚洲文化交流史或思想交流史研究的重要课题。

---

① 关于上述意见的详细论述，参看黄俊傑著、藤井倫明、水口幹記訳『東アジア思想交流史中国・日本・台湾を中心として』岩波書店、2013、第一章「地域史としての東アジア交流史について——問題意識と研究テーマ」。

② Antonio Gramsci, John Mathews tr., *Selections from Political Writings, 1910-1920*, Minneapolis: University of Minnesota Press, 1990; Quintin Hoare and Geoffrey Nowell Smith eds., *Selections from the Prison Notebooks of Antonio Gramsci*, London: Lawrence & Wishart, 1996; Antonio Gramsci, *Selections from Cultural Writings*, Cambridge, Mass.: Harvard University Press, 1985.

3. 我们必须注意：在"思想基轴"形成与发展过程中，"个人"是思想、概念或价值理念的载体。但是，所谓"个人"并不是作为原子论的（atomic）孤零零的"个人"，而是作为某一个社会文化社群之一分子的"个人"。换言之，作为"思想基轴"之承载者的"个人"，是社会学家涂尔干（Émile Durkheim，1858–1917）所谓的"社会事实"[①]中的"个人"，也是承载社会"集体记忆"（collective memory）[②]的"个人"，所以，"思想基轴"中的概念，表面上虽然如山室信一所说"成见已深而成为区别自他之无意识的大前提"，[③]但是，实质上是由各国的社会、经济结构所决定的。

（二）"思想联锁"

山室信一方法论的第二个层次是"思想连锁"，他说：

> 这里的思想连锁是着眼于某个时代、某个层次的思想和制度，超越时代及社会传播开来，并以冲击力成为唤起新的思想和社会体制变革的原因，以及其如何带着联动性而产生变化的这个问题。因此，设定思想连锁这

---

① Émile Durkheim, translated by Sarah A. Solovay and John H. Mueller, *The Rules of Sociological Method*, New York: Free Press, 1966.

② Maurice Halbwachs, Lewis A. Coser ed. and tr., *On Collective Memory*, Chicago and London: University of Chicago Press, 1992.

③ 〔日〕山室信一:《对亚洲的思想史探索及其视角》，田世民译，收入〔日〕山室信一等《论坛：东亚研究方法论的再思考》，《台湾东亚文明研究学刊》第 10 卷第 2 期（2013 年 12 月），第 332 页。

个视角的目的在于，借由检讨这个思想连锁是如何在欧美与亚洲之间，以及在亚洲的诸政治社会之间产生的这个相互交涉过程，来厘清作为世界其中一环的亚洲的位相，以及其中各个政治社会的联系样态。[①]

山室信一所说的关于"思想连锁"的研究，虽然注重各地域之间思想连动的结果所造成的"共生感"与"共属性"，但是，似乎更重视思想联动的过程。

山室信一进一步提出研究"思想连锁"的两种方法：

　　一个是思想连锁所成立的条件是如何形成和建立的，亦即检讨其回路的社会史途径（external approach）；另一个是透过这个回路具体上产生了何种思想连锁，亦即检讨其内含的思想史途径（internal approach）。[②]

以上这两种研究方法内外交辉，而就亚洲近代史来看，更能掌握日本在近代亚洲思想连锁过程中，由于最早建立近代意义上的主权国家，所以扮演最为关键的角色这一事实。

---

① 〔日〕山室信一：《对亚洲的思想史探索及其视角》，田世民译，收入〔日〕山室信一等《论坛：东亚研究方法论的再思考》，《台湾东亚文明研究学刊》第 10 卷第 2 期（2013 年 12 月），第 336 页。
② 〔日〕山室信一：《对亚洲的思想史探索及其视角》，田世民译，收入〔日〕山室信一等《论坛：东亚研究方法论的再思考》，《台湾东亚文明研究学刊》第 10 卷第 2 期（2013 年 12 月），第 337 页。

我基本上同意山室信一关于"思想连锁"的论述，唯有一点须加补充的是：山室信一说思想连锁的结果，产生"标准化""类同化""固有化"等三种现象。针对这三种现象的分析，可能需要特别注意思想从 A 地传到 B 地的过程中，不可避免地会经过我所说的"脉络性的转换"（contextual turn）。① 更具体地说，就是在完成"标准化""类同化""固有化"的结果之前，外来思想与制度必先经过本国"去脉络化"（decontextualization）与"再脉络化"（recontextualization）之过程。② 这是我们研究"思想连锁"时，不可忽视的问题。

（三）思想投企

山室信一理论的第三个层面是"思想投企"。山室深刻认知亚洲不仅是一个已知数，更是一个未知数，因此，研究者应认知"亚洲并不仅止于客观地把握其型态的对象，而是一个本身会因其自我的认识，以及根据其认识的活动而大为变动的环境，同时日本也构成了它的内部"，③ 所以，研究者就有必要研究"投企（project, Entwurf）的亚洲"。山室信一进一步解释

① Chun-chieh Huang, *East Asian Confucianisms: Texts in Contexts*, Göttingen and Taipei: V&R Unipress and National Taiwan University Press, 2015, chapter 2, pp. 41-56.

② 黄俊杰:《东亚文化交流史中的"去脉络化"与"再脉络化"现象及其研究方法论问题》,《东亚观念史集刊》2012 年 6 月第 2 期。

③ 〔日〕山室信一:《对亚洲的思想史探索及其视角》, 田世民译, 收入〔日〕山室信一等《论坛：东亚研究方法论的再思考》,《台湾东亚文明研究学刊》第 10 卷第 2 期（2013 年 12 月）, 第 344 页。

所谓"投企"的意义说：

> 立足于认识和连锁，尽管如此，投企是为了要厘清现实的对外行动和外交所产生的断绝、飞跃及矛盾的视角。在本书中，将根据自我所处国际秩序和国力等"此在"[①]的制约，作为向未来的投射、企图变更其现状的言行视为投企。也就是说，从投企这个视角所掌握的亚洲，是围绕在"心理描绘的亚洲"和"现实存在的亚洲"交错的场域中，如何重整既存的空间秩序并设定自我构想的"应然的亚洲"之区域秩序等问题。[②]

山室信一所提出的"思想投企"确实极具卓识，很能掌握亚洲历史内部自主性的动力在于企图将当前"实然的亚洲"转化成未来"应然的亚洲"。从这个角度来看，日本从明治维新成功以后逐渐形成的所谓"日本人的天职"的自傲感的社会思想氛围，固然是一种"思想投企"。1920 年代以后日本以侵略中国为目标的"亚洲主义"，以及孙中山在 1924 年 11 月在神户所发表批判当时日本侵华野心的"大亚洲主义"，更可被视为一

---

① 译者田世民附注：作者原文为"现存在"，为海德格在《存在与时间》中提出的哲学概念 Dasein 的日文译词。这里使用中文一般的译词"此在"。

② 〔日〕山室信一：《对亚洲的思想史探索及其视角》，田世民译，收入〔日〕山室信一等《论坛：东亚研究方法论的再思考》，《台湾东亚文明研究学刊》第 10 卷第 2 期（2013 年 12 月），第 334 页。

种"思想投企"。[1]

　　但是，就东亚文化的特质来看，研究东亚的"思想投企"恐怕不可忽视历史意识。东亚各国人民的历史感较为深厚，他们不仅是"政治人"（Homo Politicus），也不只是"经济人"（Homo Economicus），也是"历史人"（Homo Historien）。东亚人民（尤其是中国人）深深浸润在历史意识之中，东亚历史著作中的古人及其经验不是博物馆里的"木乃伊"（mummy），而是图书馆里的典籍，现代人可以走入历史，与古人对话。东亚（尤其是中国）人民回顾"过去"乃是为了了解"现在"并展望"未来"。[2] 所以，"历史意识"是研究亚洲"思想投企"中不可忽视的关键点。

四　结语

　　本章讨论山室信一的理论，深感以山室先生所谓的"基轴""连锁""投企"三个层次研究亚洲思想与文化交流史，确实比较容易达到文化人类学家吉尔滋（Clifford Geertz，1926–

---

[1]　Chun-chieh Huang, "Dr. Sun Yat-sen's Pan-Asianism Revisited: Its Historical Context and Contemporary Relevance," *Journal of Cultural Interaction in East Asia*, Vol. 3, March, 2012. 并参看本书第 9 章。

[2]　参看 Chun-chieh Huang and Jörn Rüsen eds., *Chinese Historical Thinking: An Intercultural Discussion*, Göttingen and Taipei: V&R Unipress and National Taiwan University Press, 2015；黄俊杰：《儒家思想与中国历史思维》。

2006）所谓的"深层描述"（thick description）。[1]

　　山室信一的学术事业的关怀是作为空间的亚洲具有何种思想史意义，他有心通过"思想"与"空间"的交织，而建构他所谓的"知识的拓扑学"（topology）。这样的学术愿景令人兴奋，值得全力以赴。

　　［2012年11月11日黎明写于高雄故居，本章初稿曾刊于《台湾东亚文明研究学刊》，第10卷第2期（2013年12月），第349—359页］

---

[1]．Clifford Geertz, *The Interpretation of Cultures*, New York: Basic Books, Inc., 1973, pp. 3-32. 并参考其他学者对"深层描述"说的批评：Aletta Biersack, "Local Knowledge, Local History: Geertz and Beyond," in Lynn Hunt ed., *The New Cultural History*, Berkeley, Calif.: University of California Press, 1989, pp. 72-96。

附录一
《中国人性论史·先秦篇》中的
方法论立场及其创见

一　引言

　　台湾商务印书馆将徐复观先生的《中国人性论史·先秦篇》重新排版发行，并希望我为这部书的新版写一篇序文，我深感惶恐。半世纪前向徐先生请示学问的往事浮现心头，历历在目。几十年来，徐先生的诸多著作给我深刻的启示，至今感念在心，我曾撰专书探讨徐先生的思想。[①] 我就以这一篇读书报告，权充徐先生书的代序。

二　发展的观点与追体验的方法

　　《中国人性论史·先秦篇》这部书完成于 1962 年，徐先生刚到东海大学任教不久，时年 58 岁。这部书析论古代中国思想家的人性论，全书共十四章及三篇附录，胜义纷披，确属巨构。这部书中的论述展现鲜明的方法论立场，尤其是以下这两点：

---

　　① 黄俊杰:《东亚儒学视域中的徐复观及其思想》；此书有法文译本 Chun-chieh Huang, translated by Diana Arghirescu & Lin Ting-sheng, *Xu Fuguan et sa pensée dans le contexte du confucianisme de l'Asie de l'Est*, Quebec: Presses de l'Université Laval, 2015。

第一，徐先生析论古代中国思想中的人性论，特重"发展"的观点。徐先生在本书再版序中说：

> 思想史的研究，也可以说是有关的重要抽象名词的研究。但过去研究思想史的人，常常忽略了同一抽象名词的内涵，不仅随时代之演变而演变；即使在同一时代中，也因个人思想的不同而其内涵亦随之不同。本书在方法上，很小心的导入了"发展"的观点，从动静的方面去探索此类抽象名词内涵在历史中演变之迹；及在演变中的相关条件；由此而给与了"史"的明确意义。[①]

这一段话是徐先生毕生从事中国思想史研究的方法论立场。徐先生认为，思想或概念都处于历史脉络或语境之中，恒处于演变的过程，所以《中国人性论史·先秦篇》第一章就批判清儒及傅斯年（1896—1950）将思想史问题等同训诂学或语言学问题的研究方法。徐先生在《中国艺术精神》一书的《自序》中，有一段夫子自道之言，他说：

> 年来我所作的这类思想史的工作，所以容易从混乱中脱出，以清理出比较清楚地条理，主要是得力于"动地观点"、"发展地观点"的应用。以动地观点代替静地

[①] 徐复观:《中国人性论史·先秦篇》，台北：台湾商务印书馆，1969，"再版序"，第2—3页。

观点，这是今后治思想史的人所必须努力的方法。①

徐先生所强调的"动地观点""发展地观点"，是一种"脉络化"（contextualization）的研究方法，将所研究的思想或概念，都"脉络化"于历史情境之中，也"脉络化"于思想或概念所从出的经典的"全体"与"部分"的诠释的循环之中。徐先生在《中国思想史论集》中又说：

> 我们所读的古人的书，积字成句，应由各字以通一句之义；积句成章，应由各句以通一章之义；积章成书，应由各章以通一书之义。这是由局部以积累到全体的工作。在这步工作中，用得上清人的所谓训诂考据之学。但我们应知道，不通过局部，固然不能了解全体；但这种了解，只是起码的了解。要作进一步的了解，更须反转来，由全体来确定局部的意义；即是由一句而确定一字之义，由一章而确定一句之义，由一书而确定一章之义；由一家的思想而确定一书之义。这是由全体以衡定局部的工作。即是赵岐所谓"深求其意以解其文"（《孟子题辞》）的工作；此系工作的第二步。此便非清人训诂考据之学所能概括得了的工作。②

① 徐复观:《中国艺术精神》，台北：台湾学生书局，1967，"自序"，第7页。
② 徐复观:《中国思想史论集》，台北：台湾学生书局，1975，引文见第113—114页，第116页亦发挥上述看法。

徐先生启示我们：只有掌握了思想与概念在诸多层次的脉络中的循环与发展，我们才能进入古代思想家的心魂，才能做到如孟子所说的"以意逆志"，[①]才能做到如庄子所说的"得鱼忘筌""得意忘言"。[②]我过去在《东亚儒学视域中的徐复观及其思想》一书中，所说的徐先生思想史方法论中的"整体论的方法"与"比较的观点"，其实都可以在他自己所说的"发展的"（evolving）方法论立场中获得胜解。

第二，徐先生研究中国思想史特别强调"追体验"的方法，他在这部书再版序中说：

> 中国的先哲们，则常把他们所体认到的，当作一种现成事实，用很简单的语句，说了出来；并不曾用心组成一个理论系统。尤其是许多语句，是应机、随缘，说了出来的；于是立体的完整生命体的内在关联，常被散在各处，以独立姿态出现的语句形式所遮掩。假定我们不把这些散在的语句集合在一起，用比较、分析、"追体验"的方法，以发现其内在关联，并顺此内在关联加以构造；而仅执其中的只鳞片爪来下判断，并以西方的推理格套来作准衡；这便是在立体的完整生命体中，任意

---

① 引文出自《孟子·万章上·4》，见（宋）朱熹《孟子集注》卷9，收入《四书章句集注》，第306页。

② （清）郭庆藩撰，王孝鱼点校《庄子集释》第4册，卷9《外物第二十六》，第944页。

> 截取其中一个横断面，而断定此生命体只是如此，决不
> 是如彼；其为鲁莽、灭裂，更何待论。[①]

徐先生所强调的这种"追体验"的研究方法，主要是着眼于中国思想的特质，他说：

> 中国的思想家，系出自内外生活的体验，因而具体
> 性多于抽象性。但生活体验经过了反省与提炼而将其说
> 出时，也常会澄汰其冲突矛盾的成分，而显出一种合于
> 逻辑的结构。这也可以说是"事实真理"与"理论真理"
> 的一致点，接合点。[②]

徐先生不仅在《中国人性论史·先秦篇》中常常"追体验"古人的心志（例如对周初"忧患意识"的析论），他在所著《中国艺术精神》一书中，对庄子艺术精神世界的探索，更可以被视为"追体验"方法的具体落实。徐先生所谓"追体验"的方法，近似 20 世纪英国历史哲学家柯灵吾（R. G. Collingwood，1889–1943）所谓的"re-enactment"，[③] 都强调将古人古事在研究者的心中加以重演，使主客交融，古今如相会于一堂。在

---

① 徐复观：《中国人性论史·先秦篇》，再版序，第3—4页。

② 徐复观：《中国思想史论集》，第2页。

③ R. G. Collingwood, *The Idea of History*, Oxford: Clarendon Press, 1946, p. 228；另参见中译本《历史的理念》，黄宣范译，台北：联经出版事业公司，1981，第232页。

这种"追体验"工夫的运用之下，徐先生的思想史研究就不再是冷冰冰的"概念的游戏"，而是有血有泪有生命的思想与人间的现实搏斗的历史。以上这两点，是我们读《中国人性论史·先秦篇》这部书时，可以特别注意的徐先生的方法论立场。

三 "忧患意识"的创新意义

《中国人性论史·先秦篇》这部书虽然只聚焦于古代中国思想中的人性论，但全书各章创见纷披，发人之所未见，其重要的原因在于徐先生治思想史但不废考据工作，从这部书附录三篇可以看出徐先生在古典文献所下的功夫之深，使他的思想史研究取得了扎实的基础。

这部书第二章论周初宗教中人文精神的跃动，第三章论春秋时代以"礼"为中心的人文世纪之来临，第六章论孟子之以心善言性善，都是极具创新的见解，也得到后来许多学者的追随与发挥。

为节省篇幅，我想只指出徐先生在这部书中最具卓识的一项创见，就是"忧患意识"的提出。徐先生说：

> 周人革掉了殷人的命（政权），成为新的胜利者；但通过周初文献所看出的，并不像一般民族战胜后的趾高气扬的气象，而是《易传》所说的"忧患"意识。……忧患意识，乃人类精神开始直接对事物发生责任感的表

现，也即是精神上开始有了人的自觉的表现。[1]

徐复观先生指出，"忧患意识"是在长期的历史过程所形成，并不是少数政治领袖如周文王或周公凭空创造。徐先生将"忧患意识"置于具体的历史环境中加以理解，将"人"当作活生生参与生产劳动的人，而不是不食人间烟火的高人隐士。徐先生对"忧患意识"的析论，使我想起战后法国存在主义哲学家萨特（Jean-Paul Sartre，1905–1980）在 1946 年所发表的《存在主义是一种人文主义》[2]演讲中，所提出"存在先于本质"的马克思主义式的命题。徐先生在这部书中常常有意无意之间透露他的人性论立场。徐先生的思想史学与儒学研究，乃至于他以"在悲剧时代所形成的一颗感愤之心"[3]对20 世纪现实政治的批判，都与他的人性论立场有不同程度的关系。

　　总之，徐先生这部《中国人性论史·先秦篇》，既是一部考据与义理融而为一的思想史著作，又是一部寄寓他对中国文化的未来所怀抱希望的作品，正如徐先生在 1966 年诗云："岂

[1]　徐复观:《中国人性论史·先秦篇》，第 20—21 页。

[2]　Jean-Paul Sartre, "Existentialism Is A Humanism," in Walter Kaufman ed., *Existentialism from Dostoyevsky to Sartre*, London: Meridian Publishing Company, 1989, pp. 17-55.

[3]　徐复观:《徐复观文录选粹》，台北：台湾学生书局，1980，"自序"，第2 页。

意微阳动寒谷，顿教寸木托岑楼。"[①] 这部书在 1960 年代海峡两岸反中国文化的特定时代氛围中，实有徐先生深刻的用心与祈响！

（徐复观先生的《中国人性论史·先秦篇》初版由台湾商务印书馆于 1969 年出版，本文系待出新版之代序）

---

① 徐复观：《悼念萧一山、彭醇士两先生》，载《徐复观杂文·忆往事》，台北：时报文化出版公司，1980，第 202 页。

附录二
《德川日本论语诠释史论》日文版序

大约三十年前，我曾在东京观光数日，当地友人招待我去观赏日本传统的歌舞伎，记得剧目是"将军江户を去る"，描写德川第十五代将军德川庆喜（1837—1913）在1868年鸟羽伏见之战战败后，决定离开江户前夕的心情，饰演将军的演员惟妙惟肖地诠释将军在深夜孤灯之下，内心痛苦挣扎，他以颤抖的手翻阅的古典正是《论语》。那一幕使我印象深刻，三十多年后思之犹历历在目。

那一次观赏歌舞伎的经历，使我对"《论语》在日本"这个课题产生兴趣。虽然戏剧可能是虚构的，但是，我当时感到好奇的是：为什么将军在生命的关键时刻所重温的是《论语》而不是《孟子》？为什么不是《六祖坛经》或是《华严经》？数十年来，这个问题一直萦绕在我心中。

现在出版的这部《德川日本论语诠释史论》的日本语译本，是我探索这个问题的初步成果，谨以至诚虔敬之心，敬呈于广大的日本读者之前。在日本语版出版前夕，我想将德川日本儒者解读《论语》的特色，放在东亚比较思想史的视野中，再做一些粗浅的思考，以就教于日语读者。

自从17世纪古义学大师伊藤仁斋推崇《论语》为"最上至极宇宙第一书"以来，《论语》这部经典在日本社会一直具有崇高的地位，被数百年来日本知识分子阅读，对日本社会也发挥深刻的影响，所以，日本有一句谚语说："仅读《论语》不会让人懂《论语》"（論語読みの論語知らず），意在提醒读《论语》的人，《论语》这部经典贵在实践而不尚空谈，以"实学"为其根本精神。

德川时代三百年间的日本知识分子，正是在日本实学的思想脉络中解读《论语》的含义。仁斋所说："以实语明实理"，[①] 固然是德川日本"实学"的精神，涩泽荣一（1840—1931）在《论语和算盘》[②]中说："修养并不等于理论"（修養は理論ではない），更是 20 世纪日本实学精神的最佳批注。在日本实学思想背景之中，日本知识分子的《论语》解释，特重《论语》中的人伦日用的日常性，而相对忽视其高明博厚的超越性。

德川日本论语学所展现的实学精神，其实与日本的《论语》解读者的社会身份与角色有其密切的关系。正如渡边浩所指出，儒家价值的传承者在中国是"士大夫"；在德川时代（1600—1868）日本的"儒者"，是指传授儒家知识的一般知识分子；在朝鲜时代的朝鲜，则是掌握政治权力的贵族"两班"，他们在中、日、韩三地的社会地位与政治权力都不一样。[③]德川日本的

① 伊藤仁斎「同志会笔记」『古学先生诗文集』『近世儒家文集集成』株式会社ぺりかん社、1985、卷 5、11 頁。

② 澁澤榮一『論語と算盤』国書刊行会、1985、151 頁。

③ 渡辺浩「儒者・讀書人・兩班——儒学的「教養人」の存在形態」氏著『東アジアの王權と思想』東京大学出版会、1997、115—141 頁。

"儒者"是社会的公共知识分子，他们不能像中国的儒者一样地通过科举考试制度成为帝国权力的执行者；他们也不能像朝鲜的知识分子一样，经由研读几乎具有国教地位的儒学经典而跻身进入"两班"贵族阶级。所以，德川儒者是在一个与权力脱钩的社会阶层，如20世纪法国哲学家梅洛-庞帝（Maurice Merleau-Ponty，1908–1961）所谓的"存在结构"（existential structure）①之中，阅读并解释《论语》，因此，他们虽然在中年以前多半深深地浸润在朱子学的解释典范（paradigm）之中，但是，他们可以跳脱作为中国官方意识形态的朱熹《四书章句集注》的权力网络的束缚，而且朱熹的《四书章句集注》是与其他各类汉籍经由唐船而同时进入德川日本，日本的《论语》解读者并未将朱熹的《四书》解释体系，当作是唯一、至高无上的知识权威而阅读。

相对于德川日本的《论语》解读者所拥有的自由空间而言，中国儒者在专制王权的权力结构之中阅读《论语》，所以，中国儒者对于孔子思想的论述常常不能免于权力的"大巨灵"（Leviathan）的干扰，他们解释《论语》所提出的各种话语形构（discursive formation，福柯语），深深地被权力所渗透，而且互相进行内部的权力斗争。②举例言之，《论语·雍也·1》：

---

① Maurice Merleau-Ponty, *Phenomenology of Perception*, trans. by Colin Smith. London: Routledge & Kegan Paul, 1962.

② Michel Foucault, *Archaeology of Knowledge*, London and New York: Routledge, 2002.

"雍也可使南面"，其中"南面"一语，是一个极具指标意义的名词。中国古代各级统治者临民时面南而坐，因为古代中国建筑坐北朝南，各级长官接见部属必然朝南而坐，所以，"南面"一词在古代中国既可指天子、诸侯，亦可指卿大夫，甚至可指基层乡、邑之地方长官。西汉（公元前206—公元8年）末年，刘向（子政，公元前77—公元前6）《说苑·修文篇》说："当孔子之时，上无明天子也。故言雍也可使南面。南面者，天子也。"①但是到了东汉（25—220），包咸（子良，公元前6—公元65）解释"南面"就说："可使南面者，言任诸侯，可使治国政也。"②郑玄（康成，127—200）注云："言任诸侯之治。"③魏（220—265）何晏（平叔，？—245）及宋人邢昺（叔明，932—1010）均以诸侯解"南面"，④从历代中国儒者对孔子所说"南面"一词的解释之变化，我们可以看到《论语》的许多解释者，深深地受到来自王权的压力。

正是在德川日本的历史背景之中，日本儒者相对于中国与朝鲜儒者而言，拥有更大的空间跳脱宋儒注释的系缚，直接回到先秦孔门师生对话的现场，此所以伊藤仁斋强调"予尝教学者，

---

① 刘向:《说苑》卷19，收入《四部丛刊·初编·子部》，台北：台湾商务印书馆，1965，影印刊本，第92页。

② 程树德:《论语集释》第2册，中华书局，1990，第362页。

③ 《论语集释》第2册，第362页。

④ 何晏:《论语集解》卷3，收入《四部丛刊·三编》，台北：台湾商务印书馆，1975，第21页；何晏注，邢昺疏《论语注疏》，台北：艺文印书馆，1955，影印清嘉庆二十年江西南昌府学刊本，第51页。

以熟读精思语孟二书，使圣人之意思语脉，能了然于心目间焉"。
(《语孟字义》，卷之上)，又说："苟集注章句既通之后，悉弃去
脚注，特就正文，熟读详味，优游佩服，则其于孔孟之本旨，犹
大寐之顿寤，自了然于心目之间矣。"(《童子问》，卷之上)。也
正是在这种历史背景之下，18世纪近世日本的市井儒者中井
履轩(1732—1817)，才能以作为"私人"的儒者知识人立场，
对朱熹的集注，施以逐条的批判。①

　　我近来阅读朝鲜时代的《朝鲜王朝实录》，②深深感到《论
语》这部经典在德川日本与朝鲜时代的朝鲜，确实是在不同的
脉络与语境之中被解读。《论语》在朝鲜宫廷政治中深具影响
力。朝鲜君臣在政治脉络中解读《论语》，并从《论语》中提
出对当代政治的主张，使《论语》的解读不再仅是一种概念
游戏(intellectual game)，而是一种经世致用之学，正是朝鲜
"实学"精神的表现。朝鲜君臣所采取的"诠释即运用"的读
经方法，将"诠释本文"(interpreting a text)与"使用本文"
(using a text)合而为一，③使《论语》在朝鲜宫廷政治中发挥了
"导引性"(orientative)与"评价性"(evaluative)等两种政
治作用，使《论语》不再是束诸高阁的高文典册，而成为指引
现实政治走向的福音书。朝鲜君臣讨论《论语》时，不仅解读

---

①　子安宣邦『江戸思想史講義』岩波書店、1998、第7章「近世儒者知識
　　人の存在と知の位相」、209—242頁。

②　首尔：东国文化社，1955—1963。

③　Umberto Eco et al., *Interpretation and Overinterpretation*, Cambridge and New
　　York: Cambridge University Press, 1992.

《论语》书中的"言内之意"（locutionary intention），更特别着力阐发《论语》的"言外之意"（illocutionary intention）与"言后之意"（perlocutionary intention）。[1] 朝鲜时代的《论语》解释史，有待于我们未来深入地研究。

相对于《论语》在朝鲜作为政治意识形态而成为政治派系权力斗争的杀戮战场（armageddon）的状况，《论语》在德川日本可以被视为一种社会性的、公共性的思想资源，家家可以亲近，人人可以携孔子之手，与孔子偕行，与孔子如家人一般亲切对话。今日我们从林泰辅（1854—1922）为祝贺涩泽荣一 77 寿庆所编撰的《论语年谱》[2]，就可以感受到《论语》对于日本知识界与一般大众的亲近性。到了 19 世纪日本社会经历所谓"教育爆发"以后，藩校数量扩大，民众教化活动活泼化，私塾剧增并趋于多样化，[3] 许多私塾的民间学者也提出各种对《论语》的解释，这些民间学者解释《论语》的抄本，仍收藏在东京都立中央图书馆的"青渊文库"之中，今日我们摩挲这些手抄本，犹能感受当年日本民间知识人对《论语》的热情。日本民间学者经由重新解释《论语》，而回到他们心目中既遥远而又亲近、既陌生而又熟悉的孔子思想世界，也回到东亚知识分子共同的精神原乡，而也疗愈他们文化的"乡愁"！

---

[1] 参考 John R. Searle, "A Taxonomy of Illocutionary Acts," in K. Gunderson ed., *Language, Mind, and Knowledge*. Minneapolis: Minnesota University Press, 1975, pp. 344-369.

[2] 林泰輔『論語年谱』龍門社、1916。

[3] 辻本雅史『近世教育思想史の研究』思文閣、1992、V 頁。

　　我在本书探讨德川日本儒者对《论语》的解释，特别将德川日本论语学，置于东亚儒学的广袤视野中加以比较，并衡定其特质与价值。我所谓"东亚儒学"并不是日本语所谓"一国史"（いっこくし）框架下的中、日、韩各国儒学的机械式拼图，而是在宏观的视野中，分析作为东亚文化的公分母的儒家传统在中、日、韩各国所展现的共性与殊性，既观其同，又析其异。所谓"东亚儒学"的视野超越国家的疆界，它既是一个空间的概念，也是一个时间的概念。作为空间概念的"东亚儒学"，指儒学思想及其价值理念在东亚地区的发展及其内含。作为时间概念的"东亚儒学"，在东亚各国儒者的思想互动以及历史变迁之中应时而变、与时俱进，而不是一个抽离于各国儒学传统之上的一套僵硬不变的意识形态。所以，"东亚儒学"是一个深具多样性的伟大精神传统，它的关键词是"之中"而不是"之上"，是"多元"而不是"一元"！

　　最后，我要特别感谢工藤卓司教授，此书原由他人译过，但因故放弃，工藤教授以二年之力毕其译事，至为辛劳。谨申深切之谢意。

　　（《德川日本论语诠释史论》日译本由工藤卓司教授译为日文，于2014年由东京株式会社ぺりかん社出版）

附录三

《中国孟子学史》韩文版序

这部书原是拙著《孟学思想史论》（台北：中研院中国文哲研究所，1997）的第2卷，承蒙成均馆大学研究教授咸泳大博士的善意译为韩文，得以向广大的韩国学界朋友请教，我要首先向咸教授敬致谢意。因为本书内容聚焦历代中国思想家对孟子学的解释，所以韩文版定名为《中国孟子学史》。我乐于在出版前夕，就韩国孟子学研究的新课题略申管见，以就教于本书读友。

韩国孟子学研究的第一个新课题是朝鲜时代（1392—1910）儒者对孟子政治思想的诠释。这项研究课题可以从东亚历史脉络来看。在东亚各国历史发展过程中，儒家经典中的知识与政治权力之间有着极其复杂的互动关系。我曾回顾19世纪中叶以前中国与朝鲜历史中知识与政治权力之关系，指出两者之间具有两种关系。第一，儒家"知识"与中韩两国政治权力既互相依赖而又互相渗透；但知识与政治权力毕竟性质不同，在帝国体制之下，皇权是至高而终极的权力，而儒臣的权力则是衍生性的权力，而知识与政治权力也各有其不同的"运作逻辑"（modus operandi），所以儒家知识分子与掌握权力的帝王之间，有其永恒的紧张性。在19世纪中叶以前，中国与朝鲜都是大一统的政治体制。大一统帝国需要儒家价值系统作为帝国的意识形态基础，以有效运用各种人力及物力资源；为谋帝国的长治久安，中韩两国帝王亦须不断吸纳儒家知识分子进入体制，成为政治权力的执行者。所以儒家的知识与政治权力之间，又有其不可分割性。第二，近代以前中国与朝鲜历史上的知识与政治权力之所以既不可分割而又互为紧张，最重要的原因在于儒学经典之特质。古典儒家提出"内圣外王"作为最高的人生理想，认为个人内在道德的修为与外在事功的完成是不可分割的。换言之，内在道德的修养不仅是个人内在思想的玄思而已，它必须进一步落实在客观的外在环境之中。在"内圣外王"理念下，东亚儒家文化圈中一直潜藏着巨大的将儒家知识落实在政治现实上的动力。儒学知识系统的强烈实践取向，使儒学经典在近代以前的中韩两国历史上必然与权力结构发生深刻的关系。[1]

　　以上所说的儒家知识与政治权力之间的两种关系，在《孟子》这部儒家经典的解释史中，以最鲜明的方式呈现。这主要是由于孟子政治思想以"王道"为其核心价值，孟子痛感战国时代"霸道"政治杀人无数，起而游说各国国君施行"王道"政治，成为"大有为之君"，一统天下。孟子鼓励他的时代的国君以"不忍人之心"行"不忍人之政"。孟子坚信：每个人生下来就具有恻隐、羞恶、辞让、是非四种"心"，他称

---

[1]　参考 Chun-Chieh Huang, "On the Interaction between Confucian Knowledge and Political Power in Traditional China and Korea: A Historical Overview," *Taiwan Journal of East Asian Studies*, Vol. 8, No.1, June 2011, pp.1-20。

之为四种"善端"。孟子说，包括国君在内每一个人只要善自保存并加以"扩充"（用孟子的话）每个人与生俱来的"善端"或"良知"，就可以兴发"不忍人之心"，国君只要将这种"不忍人之心"加以"推恩"，加以"扩充"，就可以落实"不忍人之政"，也就是孟子理想中的"仁政"。正如本书第四章所指出的，孟子政治思想包括三项重要主张：一、政治权力的运作以人民的意志为其依归；二、权力合法化之基础在于统治者在道德上之成就；三、权力施行的目的在于保障每个人的福祉。这三项主张共同构成孟子"王道政治"的论述。

　　孟子"王道政治"的理想，对近代以前中、韩、日三国的统治者，都形成很大的压力，中国明代开国国君朱元璋（在位于1368—1398）读《孟子》至"草芥寇仇"之语而大怒，于洪武三年（1370）黜孟子祠，并于洪武二十七年（1394）命人删削《孟子》原典。德川时代讲官为日本皇太子讲《孟子》，亦以民本政治思想为禁忌。日本儒者批判挞伐不遗余力，指孟子为"乱圣人之道"，[①]为"仁义之贼……圣人之大罪人"，[②]两千年来东亚儒者正面诠释或反面批驳孟子的论著，在君主专制体制下的帝制中国或德川日本或朝鲜时代朝鲜的历史情境中，使《孟子》这部经典成为为苦难人民伸张正义的福音书，而不是象牙塔里的高文典册。

---

①　高松芳孙『正学指要』『日本儒林叢書』鳳出版、1978、第11册、37—38頁。

②　高松芳孙『正学指要』『日本儒林叢書』第11册、46頁。

《孟子》这部书所揭示的政治思想，不仅在中国与日本激起读者的惊恐，朝鲜儒者申教善（渲泉，1786—1858，正祖十年—哲宗九年）读《孟子》时，也提出类似的问题：

> 齐宣王之以汤放桀、武王伐纣谓臣弑其君者，其非欤？孟子以闻诛一夫纣为对，得无过欤？纣虽残贼，曾为万乘之主，则谓之一夫而加诛焉，得无迫切欤？ ①

申教善生于政治权力一元化的时代，不能理解生于政治权力多元时代的孟子的政治言论。因此之故，后世的经典解读者就赋古典以新义，企图拉近他们与经典的距离，例如申教善就将孟子思想别创新解，以响应他自己的设问。② 包括申教善在内的东亚儒者解读《孟子》时，所提出的各种"话语形构"（福柯语，discursive formation），深深地被权力所渗透，而且互相进行内部的权力斗争。③《孟子》一书在东亚不仅在各国权力网络中被解读，而且不同的《孟子》解读者之间，也互相进行激烈的论争。

朝鲜时代儒学取得近乎国教之地位，对朝鲜政治与社会

---

① 申教善:《读孟庭训》，收入《韩国经学资料集成》第45册，首尔：成均馆大学大东文化研究院，1988，第62—63页。

② 见申教善《读孟庭训》，第63—64页。

③ Michel Foucault, *Archaeology of Knowledge*, London and New York: Routledge, 2002.

影响深远。^①朝鲜孟子学源远流长，从 16 世纪李滉的《孟子释义》开始，释孟阐孟的论著风起云涌，虽然朱子学是主流思想，例如朴光一（逊斋，1655—1723，孝宗六年—景宗三年）对孟子"浩然之气"说的解释完全笼罩在朱子学之下，但是，也有不遵朱注的李瀷（星湖，1681—1763，肃宗七年—英祖三十九年），甚至也有郑齐斗（霞谷，1649—1736，仁祖二十七年—英祖十二年）释孟所显示的阳明学立场。具有朝鲜文化特色的"人性物性异同论"等问题，也融入孟子学解释之中。从东亚比较思想史的视野观之，朝鲜孟子学的发展可以视为朝鲜思想主体性的形成与发展的表现，值得我们深入探讨，发掘其学术研究上之潜力。

关于朝鲜儒者对孟子政治思想的诠释之研究，我们可以聚焦在孟子学的核心概念"仁政"之上。在孟子政治思想中，"仁心"与"仁政"如车之两轮、鸟之两翼，缺一不可；孟子以"不忍人之心"向外"推恩"，落实而成就"不忍人之政"。但是，孟子的"仁政"理想在两千年来中、韩、日等国的儒者或儒臣的诠释中，多属于萧公权先生所说的"政术"，较少属于"政理"之范围，^②也就是牟宗三（1909—1995）先生所谓"治道"远大于"政道"，^③朝鲜儒者对孟子"仁政"说的

① 参考 Martina Deuchler, *The Confucian Transformation of Korea: A Study of Society and Ideology*, Cambridge, Mass. and London: Council on East Asian Studies, Harvard University, 1992.

② 见萧公权《中国政治思想史》下，台北：联经出版公司，1982，第 946 页。

③ 见牟宗三《政道与治道》，台北：广文书局，1961，第 1、48、52 页。

论述更是如此。举例言之，16世纪的李彦迪（晦斋，1491—1553，成宗二十二年—明宗八年）所撰《进修八规》的第六条就是"行仁政"，但是我们进一步看李彦迪对"仁政"的解释，他说：

> 自古人君欲施仁政而害于仁者，有二：刑罚烦，则怨痛多，而害于仁矣；赋敛重，则民竭其膏血，而害于仁矣。故孟子以省刑罚、薄税敛，为施仁政之本。盖不能如是，虽有仁心仁闻，而民不被其泽矣。[1]

李彦迪对孟子的"仁政"之解释，完全落实在具体的政治措施。18世纪的丁若镛（茶山，1762—1836，英祖三十八年—宪宗二年）更以井田制度作为"仁政"之确解，丁茶山说：

> 孟子每以井田为仁政。仁政者，井田也。孟子谓："虽尧舜，不行井田，则无以治天下。"此圣门相传知要之言也。井田，如规矩焉，如律吕焉，以譬黄钟。非臣之言，乃孟子之言也。[2]

---

[1]　李彦迪：《疏·进修八规》，《晦斋先生文集》第1册，卷8，收入韩国文集编纂委员会编《韩国历代文集丛书》第638册，汉城：景仁文化社，1999，第427页。

[2]　丁若镛：《地官修制田制九》，《经世遗表》卷7，收入茶山学术文化财团编《（校勘·标点）定本与犹堂全书》第25册，首尔：茶山学术文化财团，2012，第126页。

　　李彦迪与丁茶山都将孟子的"仁政"解释为行政措施，固然与他们浸润在朝鲜时代"实学"思想氛围有关，但是，更重要的是，他们的权力是被拥有"终极的权力"的国王所授予的"衍生的权力"，他们不能像孟子一样挑战统治者的政权之合法性（legitimation）。这个问题值得进一步深入研究。

　　以上所说孟子政治思想的核心概念"仁政"这个研究课题，涉及很多衍生性的问题，在中国思想史上较为重要的有王霸之辨问题、尊周或不尊周问题、君臣关系问题等，我在本书第四章已有详细分析。朝鲜儒者金昌协（农岩，1651—1708，孝宗二年—肃宗三十四年）门人鱼有凤（杞园，1672—1744，显宗十三年—英祖二十年）撰有《孟子不尊周论》[1]，洪泰猷（1672—1715，显宗十三年—肃宗四十一年）也撰《孟子不尊周论》[2]，对孟子鼓吹诸侯行王道而不尊周王有所辩论。此外，如管仲论或汤武革命论这一类从孟子"仁政"说所衍生的相关问题在朝鲜时代的发展，也是朝鲜孟学研究中可以推展的研究议题。

　　朝鲜孟子学研究的第二项课题是孟子的性善论。孟子道性善，言必称尧舜，主张人生而具有恻隐、羞恶、辞让、是非之心，谓之"四端之心"。孟子心学在中国思想史中从朱熹、王守仁、黄宗羲（梨洲，1610—1695）、戴震（东原，1724—

---

①　收入民族文化推进会编《韩国文集丛刊》184集，《杞园集》卷22《杂著》，首尔：民族文化推进会，1997，第251a—252b页。

②　收入《韩国文集丛刊》187集，《耐斋集》卷5，"论"，第81d—83a页。

1777）、到康有为（长素，1858—1927），到 20 世纪中国新儒家学者唐君毅（1909—1978）、徐复观、牟宗三，均提出理趣互异的新诠释。我在本书第五、六、七、八、九、十各章已有所讨论。孟子性善论在朝鲜时代也历经新的诠释。朝鲜儒者取孟子的"四端"与《礼记》的"七情"之说，而对所谓"四端七情"展开辩论，李滉、李珥、丁时翰（愚潭，1625—1707）、李玄逸（葛庵，1627—1704）、郑齐斗（霞谷，1649—1736）、李柬（巍岩，1677—1727）、韩元震（南塘，1682—1751）、李瀷（号星湖，1681—1763）、丁若镛与李恒老（华西，1792—1868）等人均撰文详加析论。李明辉教授所撰《四端与七情：关于道德情感的比较哲学探讨》①一书，对朝鲜儒者的"四七之辨"有非常详细的探讨，是这一项议题极为重要的研究论著。

总之，孟子学内外交辉，"仁心"与"仁政"融贯为一，但自从大一统帝国从东亚历史的地平线升起之后，孟子的思想世界就成为近两千年来东亚各国知识分子心中"永恒的乡愁"。东亚知识分子就像生于山涧而成长于海洋的鲑鱼，在长大之后奋其全部生命力游回它们原生的故乡。《孟子》这部经典，两千年来一直召唤着东亚各国的儒者，使他们心向往之，起而与孟子对话。我谨以虔敬至诚之心，敬献此书于韩国读友面前。如果此书韩文本的出版，能为未来东亚孟子学以及

---

① 台北：台大出版中心，2005。

朝鲜孟子学研究的推进，贡其一得之愚，则幸甚焉。

2016 年 5 月 30 日

（《中国孟子学史》韩文译本由咸泳大教授译为韩文，2016 年由成均馆大学出版社出版）

附录四

《东亚儒学：经典与诠释的辩证》
越南文版序

《东亚儒学：经典与诠释的辩证》这部书中文版在 2007 年 10 月由台湾大学出版中心出版，已经出版日文版与韩文版，现在由河内国家大学阮金山副校长敦请裴伯钧教授翻译为越南文，向广大的越南读者请教，我特别向阮金山副校长与裴伯钧教授表示最诚挚的谢意，感谢他们为促进学术的交流所做的努力。

20 世纪东亚各国学者人文研究的视野常以自己国家为中心，较少采取跨国或跨界之视野，因此，较少提出具有普遍意义之学术命题。20 世纪中、越、日、韩各地的文、史、哲研究论著，呈现相当明显的以国家为中心的"国族论述"。

因应 20 世纪东亚人文学术研究的问题，在 21 世纪全球化以及亚洲崛起的新时代里，东亚人文研究可以采取以下三种研究取向：第一，聚焦东亚经验，以东亚为视野并从东亚出发思考。事实上，跨出国家疆域而以东亚作为研究之范围，正是 21 世纪人文研究的新动向。进入 21 世纪以后，随着亚洲（尤其是东亚）的兴起，以及"全球化"趋势的加速发展，东亚人文学界开始从 20 世纪常见的"国家中心主义"的研究格局，逐渐转向以东亚为研究的视野。举例言之，日本东京大学原有的"中国哲学"讲座，就更名为"东亚思想文化学"讲座。日本各大学获得日本文部科学省资助的卓越研究中心（COE）计划，也大多以东亚为视野。大韩民国政府所推动的"21世纪韩国头脑"卓越计划（简称 BK21），在人文学科方面的计划也是以东亚为研究范围。台湾大学人文社会高等研究院所属研究计划如"东亚儒学""东亚民主""东亚法治""东亚经济""东亚华人的自我观"与"东亚崛起中的中国大陆变迁"等研究计划，均在不同领域与程度上说明了 21 世纪人文社会学术研究的新取向。这种新的研究取向必然具有跨文化的、跨国界的、跨学科的、多语言的多重视野。

第二，以经典或价值理念为研究之核心。20 世纪中国人文学术研究以实证主义为其方法论基础，这种状况固然与清代中国考证学的学术传统有关，也与 20 世纪初年欧陆实证主义思潮相激荡。在实证主义风潮之下，20 世纪中国人文研究论著，关怀"事实"远过于"价值"。

但是，问题是："事实"如果不是置于"价值"的脉络中加以衡量，那么，"事实"的意义多半难以彰显。展望 21 世纪的人文研究，除了过去所注重的"事实"问题之外，更应加强有关"价值"问题的研究，尤其是承载价值理念的经典，更应成为人文研究的核心。

第三，以文化为研究之脉络。我们虽然主张以"从东亚出发思考"作为新时代人文研究的策略，但我们也必须注意东亚各国历史经验与人文传统中的"同"中之"异"。只有深入具体而特殊的而且有地域特色的文化脉络，我们才能开发并拓展全球的视野，吉尔兹（Clifford Geertz，1923–2006）所谓"具有全球意义的地域知识"，正是指此而言。

东亚各国都分享汉字文化、儒家价值理念、佛教信仰、传统中国医学等共同的文化元素，中、日、韩、越各国儒者或官员在互相交往之际，常以上述共同文化元素作为交流的基础。当18、19世纪越南的士大夫进入中国之后，与当地士大夫赋诗酬唱，既是文化的交流，更是情感的交流。20世纪越南领袖胡志明尊崇孟子，也能写中文古体诗。

随着21世纪全球化时代中民族国家（nation state）的"解疆域化"，以及"区域经济"如欧盟、北美自由贸易区、东盟10+3、大中华经济圈等经济体的兴起，东亚的人文研究势必形成新的取向。21世纪人文研究策略，可以"以东亚为研究视野""以经典或价值理念为研究之核心"，并"以文化为研究之脉络"，以拓展新的研究的可能性。这部书中所谓"东亚儒学"研究正是在以上三项研究新视野之下而提出。只有深入东亚文化的根源——儒学的价值理念，我们东亚知识分子才能在21世纪与欧美知识分子进行具有创造性的对话。

"东亚儒学"研究是一项长远的学术事业，这部书只是我自己在这块学术园地耕耘的初步成果，我以至诚之心奉献这部书给越南学界的先进与朋友。

[《东亚儒学：经典与诠释的辩证》由裴伯钧教授译为越南文，2012 年 6 月由河内国家大学出版社出版，本篇序文所提倡的三种东亚人文研究的取向，亦见于拙著《东亚文化交流中的儒家经典与理念：互动、转化与融合》（2010 年）一书的自序]

引用书目

中日韩文献

一 古代文献

（周）左丘明传，（晋）杜预注，（唐）孔颖达正义，李学勤主编
《十三经注疏·春秋左传正义》，北京大学出版社，1999。

（战国）吕不韦著，陈奇猷校注《吕氏春秋》，上海古籍出版社，
2002。

（汉）毛亨传，（汉）郑玄笺，（唐）孔颖达疏，李学勤主编
《十三经注疏·毛诗正义》，北京大学出版社，2000。

（汉）孔安国传，（唐）孔颖达疏，李学勤主编《十三经注疏·
尚书正义》，北京大学出版社，1999。

（汉）司马迁撰，（刘宋）裴骃集解，（唐）司马贞索隐《史记》，
中华书局，1997。

（汉）荀悦:《汉纪》，收入张烈点校《两汉纪》，中华书局，
2002。

（汉）班固撰，（唐）颜师古注《汉书》，中华书局，1997。

（汉）郑玄注，（唐）贾公彦疏，李学勤主编《十三经注疏·周
礼注疏》，北京大学出版社，1999。

（汉）郑玄传，（唐）孔颖达疏，李学勤主编《十三经注疏·礼

记正义》，北京大学出版社，1999。

（汉）刘向编，（汉）高诱注《战国策》，台北：艺文印书馆，1969。

（魏）王弼撰，（唐）孔颖达疏，李学勤主编《十三经注疏·周易正义》，北京大学出版社，1999。

（晋）范宁集解，（唐）杨士勋疏，李学勤主编《十三经注疏·春秋穀梁传注疏》，北京大学出版社，1999。

（晋）郭璞注《山海经》，台北：台湾商务印书馆，1965，影印《四部丛刊初编缩本》。

（唐）杜佑撰，王文锦等点校《通典》，中华书局，1988。

（唐）释慧能：《六祖坛经》，台北：善导寺佛经流通处。

（后晋）刘昫：《旧唐书》，台北：鼎文书局，1986，影印新校标点本。

（宋）石介著，陈植锷点校《徂徕石先生文集》，中华书局，2009。

（宋）朱熹：《四书章句集注》，中华书局，1983。

（宋）朱熹：《朱子全书》，上海古籍出版社、安徽教育出版社，2002。

（宋）朱熹：《论语或问》，收入氏著《四书或问》，上海古籍出版社、安徽教育出版社，2001。

（宋）朱熹：《周易本义》，北京大学出版社，1992。

（宋）朱熹：《四书或问》，上海古籍出版社，2001。

（宋）朱熹著，陈俊民编校《朱子文集》，台北：德富文教基金会，2000。

（宋）郑樵:《通志》，中华书局，1987。

（宋）叶适:《水心先生文集》，台北:台湾商务印书馆，1965，影印《四部丛刊初编缩本》。

（宋）程颢、程颐著，王孝鱼点校《二程集》，中华书局，1981。

（宋）张载著，章锡琛点校《张载集》，中华书局，1978。

（宋）黎靖德编《朱子语类》，收入朱熹《朱子全书》，上海古籍出版社、安徽教育出版社，2002。

（宋）司马光撰，（元）胡三省注，章钰校记《新校资治通鉴注》，台北:世界书局，1976。

（宋）杨时:《龟山先生集》，收入舒大刚主编，四川大学古籍整理研究所编《宋集珍本丛刊》第29册，线装书局，2004。

（元）马端临:《文献通考》，中华书局，1986。

（明）胡广:《论语集注大全》，收入严灵峰编《无求备斋论语集成》，台北:艺文印书馆，1966。

（明）刘宗周:《论语学案》，台北:台湾商务印书馆，1986，影印《文渊阁四库全书》。

（清）王夫之:《读通通鉴》，收入氏著《船山全书》第10册，岳麓书社，1988。

（清）王先谦撰，沉啸寰、王星贤点校《荀子集解》，中华书局，1988。

（清）王鸿绪等撰《明史稿列传》，台北:明文书局，1991。

（清）池志徵:《全台游记》，收入《台湾游记》，台北:台湾银行经济研究室，1960。

（清）孙承泽：《春明梦余录》，台北：台湾商务印书馆，1976，影印《四库全书珍本》六集224。

（清）毕沅编著，标点续资治通鉴小组校点《续资治通鉴》，中华书局，1957。

（清）章学诚著，叶瑛校注《文史通义校注》，中华书局，1994。

（清）郭庆藩著，王孝鱼点校《庄子集释》，中华书局，1961。

（清）翟灏：《四书考异》，收入《皇清经解》，清道光九年广东学海堂刊本。

二　韩国出版之中文文献

〔韩〕丁若镛：《文集序．送韩校理使燕序》，收入茶山学术文化财团编《（校勘·标点）定本与犹堂全书》第2册，首尔：民族文化文库，2001。

〔韩〕丁若镛：《论语古今注》，收入茶山学术文化财团编《（校勘·标点）定本与犹堂全书》第7册，首尔：民族文化文库，2001。

〔韩〕丁若镛：《孟子要义》，收入茶山学术文化财团编《（校勘·标点）定本与犹堂全书》第7册，首尔：民族文化文库，2001。

〔韩〕尹舜举：《公最近仁说》，收入民族文化推进会编《韩国文集丛刊》第100集《童土集·杂著》，首尔：民族文化推进会，1989。

〔韩〕朴文一:《经义—论语》，氏著《云菴集》，收入《韩国经学资料集成》第 29 册，首尔：成均馆大学校出版部，1989。

〔韩〕朴宗永:《经旨蒙解—论语》，氏著《松坞遗稿》，收入《韩国经学资料集成》第 29 册，首尔：成均馆大学校出版部，1989。

〔韩〕权得己:《汤武革命论》，收入民族文化推进会编《韩国文集丛刊》第 76 集《晚悔集》，首尔：民族文化推进会，1991。

〔韩〕权得己:《晚悔集》，收入民族文化推进会编《韩国文集丛刊》第 76 集，首尔：民族文化推进会，1991。

〔韩〕李珥:《栗谷全书》，收入民族文化推进会编《韩国文集丛刊》第 44 集，首尔：民族文化推进会，1989。

〔韩〕李滉:《退溪集》，收入民族文化推进会编《韩国文集丛刊》第 30 集，首尔：民族文化推进会，1989。

〔韩〕李野淳:《仁说前图》，收入民族文化推进会编《韩国文集丛刊》第 102 集《广濑集．杂著》，首尔：民族文化推进会，1989。

〔韩〕李滉:《答李叔献》，收入民族文化推进会编《韩国文集丛刊》第 29 集《退溪集·书》，首尔：民族文化推进会，1989。

〔韩〕国史编纂委员会:《朝鲜王朝实录》，首尔：东国文化社，1955-1963。

〔韩〕金诚一:《疏:请鲁陵复位·六臣复爵·宗亲叙用疏·辛未》,收入民族文化推进会编《韩国文集丛刊》第 48 集《鹤峰集》,首尔:民族文化推进会,1989。

〔韩〕金诚一:《鹤峰集》,收入民族文化推进会编《韩国文集丛刊》第 48 集,首尔:民族文化推进会,1989。

〔韩〕金富轼:《三国史记》,东京:学习院东洋文化研究所,1964。

〔韩〕郑介清:《修道以仁说》,收入民族文化推进会编《韩国文集丛刊》第 40 集《愚得录·释义》,首尔:民族文化推进会,1989。

〔韩〕南孝温:〈命论〉,收入民族文化推进会编《韩国文集丛刊》第 16 集《秋江集》,首尔:民族文化推进会,1988。

〔韩〕南孝温:《秋江集》,收入民族文化推进会编《韩国文集丛刊》,第 16 集,首尔:民族文化推进会,1988。

〔韩〕柳致明:《读朱张两先生仁说》,收入民族文化推进会编《韩国文集丛刊》第 297 集《定斋集·杂著》,首尔:民族文化推进会,1989。

〔韩〕徐圣耆:《仁说图》,收入民族文化推进会编《韩国文集丛刊》第 53 集《讷轩集·杂著·学理图说（下）》,首尔:民族文化推进会,1989。

三 日文文献

上月信敬『徂徕学则辨』関儀一郎編『日本儒林叢書·論弁部』

鳳出版、1978 年、第 4 册。

大田錦城『仁說三書三卷』井上哲次郎、蟹江義丸編『日本倫理彙編』育成会、1903、第 9 册。

大田錦城『仁說要義』井上哲次郎、蟹江義丸編『日本倫理彙編』育成会、1903、第 9 册。

大塩中斎「洗心洞入学盟誓」，収入「中斎文抄．2．洗心洞入学盟誓」宇野哲人監修、荒木見悟編集『陽明学大系・8・日本の陽明学・上』明徳出版社、1973。

山田球著、岡本巍校「孟子養気章或問図解」宇野哲人監修、荒木见悟等編『阳明学大系・9・日本の阳明学・中』明徳出版社、1973。

山鹿素行『中朝事実』广瀬丰編『山鹿素行全集：思想篇』岩波書店、1942、上册、第 13 卷。

山鹿素行『聖教要録』井上哲次郎、蟹江義丸編『日本倫理彙編』育成会、1903、第 4 册。

太宰春臺『文論．詩論』収入『続続日本儒林叢書．随筆部及雑部』、第 2 册。

太宰春臺『聖学問答』井上哲次郎、蟹江義丸編『日本倫理彙編』育成会、1903、第 6 册。

太宰春臺台『論語古訓外伝』嵩山房、延享二（1745）年刻本。

伊東藍田著，奈良髦編『藍田先生湯武論并附録』関儀一郎編『日本儒林叢書．論弁部』鳳出版、1978、第 4 册。

伊藤仁斎「仁说」氏著『古学先生詩文集』相良亨編『近世儒

　　家文集集成』株式会社ぺりかん社、1985、第 1 冊。

伊藤仁斎『童子問』井上哲次郎、蟹江義丸編『日本倫理彙編』
　　育成会、1903、第 5 冊。

伊藤仁斎『語孟字義』井上哲次郎、蟹江義丸編『日本倫理彙
　　編』、第 5 冊。

伊藤仁斎『論語古義』関儀一郎編『日本名家四書註釈全書・
　　論語部 1』鳳出版、1973。

西島蘭渓『清暑閒談』『日本儒林叢書・随筆部卷第一』、第
　　1 冊。

佐久間太華『和漢明弁』関儀一郎編『日本儒林叢書・論弁部』
　　鳳出版、1978、第 4 冊。

佐藤一斎著、相良亨等校注『言志後録』吉川幸次郎等編『日
　　本思想大系・46・佐藤一斎・大塩中斎』岩波書店、1980。

貝原益軒『慎思録』氏著『益軒全集』国書刊行会、1973、第
　　2 冊。

東条一堂『論語知言』関儀一郎編『本名家四書註釈全書・論
　　語部 6』鳳出版、1973。

松村栖云『管仲孟子論』関儀一郎編『続続日本儒林叢・随筆
　　部及雑部』鳳出版、1978、第 2 冊。

林羅山，京都史蹟会編纂『林羅山文集』株式会社ぺりかん社、
　　1979。

長野豊山『松陰快談』関儀一郎編『日本儒林叢書・儒林雑纂』
　　鳳出版、1978、第 14 冊。

浅見絅斎「中国弁」吉川幸次郎等編『日本思想大系・31・山崎
　　闇斎学派』岩波书店、1980。

浅見絅斎「記仁説」氏著『絅斎先生文集』相良亨編『近世儒
　　家文集集成』ぺりかん社、1987、第 2 册。

浅見絅斎「絅翁答跡部良賢問書」田崎仁義解題『浅見絅斎集』
　　誠文堂新光社、1937。

荻生徂徠『弁名』井上哲次郎、蟹江義丸編『日本倫理彙編』
　　育成会、1903、第 6 册。

荻生徂徠『弁道』吉川幸次郎等編『日本思想大系・36・荻生徂
　　徠』岩波书店、1973。

荻生徂徠『論語徴』関儀一郎編『本名家四書註釈全書・論語
　　部 5』鳳出版、1973。

豊嶋豊洲「仁説」関儀一郎編『日本儒林叢書』鳳出版、1978、
　　第 6 册。

頼杏坪『原古編』井上哲次郎、蟹江义丸編『日本伦理彙编』
　　育成会、1903、第 8 册。

研究专著

一　中文

〔德〕贝克（Ulrich Beck）:《全球化危机》，孙治本译，台北:
　　台湾商务印书馆，1999。

〔德〕伽达默尔:《真理与方法》，洪汉鼎译，台北: 时报文化出

版公司，1995。

〔德〕雅斯培:《雅斯培论教育》，杜意风译，台北：联经出版事业公司，1983。

〔日〕福泽谕吉:《福泽谕吉自传》，马斌译，商务印书馆，1995。

〔日〕福泽谕吉:《劝学篇》，群力译，商务印书馆，1996。

〔日〕丸山真男:《现代政治的思想与行动：兼论日本军国主义》，林明德译，台北：联经出版公司，1984。

〔意〕艾柯等:《诠释与过度诠释》，王宇根译，生活·读书·新知三联书店，1997。

〔印〕泰戈尔:《民族主义》，谭仁侠译，商务印书馆，2009。

〔英〕Collingwood，R. G:《历史的理念》，黄宣范译，台北：联经出版事业公司，1981。

〔英〕Martin Jacques:《当中国统治世界》，李隆生译，台北：联经出版事业公司，2010。

〔英〕Niall Ferguson:《文明：决定人类走向的六大杀手级Apps》，黄煜文译，台北：联经出版事业公司，2012。

〔罗〕M. 耶律亚德:《宇宙与历史——永恒回归的神话》，杨儒宾译，台北：联经出版事业公司，2000。

陈荣捷:《王阳明传习录详注集评》，台北：台湾学生书局，1983。

陈寅恪:《唐代政治史述论稿》，商务印书馆，1947。

邓洪波编著《中国书院学规》，湖南大学出版社，2000。

葛兆光:《宅兹中国：重建有关"中国"的历史论述》，台北：

联经出版事业公司，2011。

黄俊杰:《德川日本〈论语〉诠释史论》，台北：台大出版中心，
　　2015。

黄俊杰:《东亚儒学：经典与诠释的辩证》，台北：台大出版中
　　心，2007。

黄俊杰:《东亚儒学视域中的徐复观及其思想》，台北：台大出
　　版中心，2009。

黄俊杰:《东亚文化交流中的儒家经典与理念：互动、转化与融
　　合》，台北：台大出版中心，2010。

黄俊杰:《孟学思想史论．卷二》，台北：中央研究院中国文哲
　　研究所，1997。

黄俊杰:《孟学思想史论．卷一》，台北：东大图书出版公司，
　　1991。

黄俊杰:《孟子》，台北：东大图书公司，1993、2006。

黄俊杰:《儒家思想与中国历史思维》，台北：台大出版中心，
　　2014。

劳思光:《新编中国哲学史》，台北：三民书局，1983、1993。

劳思光:《中国文化路向问题的新检讨》，台北：东大图书公司，
　　1993。

劳思光:《中国哲学史》，台北：三民书局，1981。

李伟泰:《两汉尚书学及其对当时政治的影响》，台北：台湾大
　　学文学院，1976。

李泽厚:《中国古代思想史论》，生活·读书·新知三联书店，

2008。

连横：《台湾通史》，华东师范大学出版社，2006。

罗梦册：《中国论》，商务印书馆，1943。

毛泽东：《毛主席诗词》，人民文学出版社，1963。

钱穆：《史学导言》，收入《钱宾四先生全集》第 32 册，台北：
　　联经出版事业公司，1998。

钱穆：《中国史学名著选读》，收入《钱宾四先生全集》第 33
　　册，台北：联经出版事业公司，1998。

屈万里：《尚书集释》，台北：联经出版事业公司，1983。

饶宗颐：《中国史学上之正统论》，香港：龙门书店，1976。

宋强、乔边等著《中国可以说不——冷战后时代的政治与情感
　　抉择》，中华工商联合出版社，1996。

宋晓军等著《中国不高兴：大时代、大目标及我们的内忧外
　　患》，江苏人民出版社，2009。

王屏：《近代日本的亚细亚主义》，商务印书馆，2004。

萧公权：《中国政治思想史》，台北：联经出版事业公司，1982。

徐复观：《两汉思想史》，台北：台湾学生书局，1979。

徐复观：《徐复观文录选粹》，台北：台湾学生书局，1980。

徐复观：《中国人性论史·先秦篇》，台北：商务印书馆，1969。

徐复观：《中国思想史论集》，台北：台湾学生书局，1975。

徐复观：《中国艺术精神》，台北：台湾学生书局，1967。

许维遹：《吕氏春秋集释》上册，台北：鼎文书局，1977。

许倬云：《华夏论述：一个复杂共同体的变化》，台北：远见天

下文化出版股份有限公司，2015。

朱谦之:《中国哲学对欧洲的影响》，河北人民出版社，1999。

朱云影:《中国文化对日韩越的影响》，台北：黎明文化事业公
　　司，1981。

二　日文

板野長八『儒教成立史の研究』岩波書店、1995。

大浜晧『朱子哲学』東京大学出版会、1983。

島田虔次『中国における近代思惟の挫折』筑摩書房、1949、
　　1970。

福沢諭吉『文明論の概略』岩波書店、1997。

宮崎滔天著，宮崎龍介、衛藤瀋吉校注『三十三年の夢』平凡
　　社東洋文庫、1967。

溝口雄三『中国前近代思想の屈折と展開』東京大学出版会、
　　1980。

溝口雄三等編『アジアから考える』東京大学出版会、1993-
　　1994。

橘樸『大陸政策批判』氏著『橘樸著作集』（二）勁草書房、
　　1966。

内藤湖南『内藤湖南全集』筑摩書房、1969-1976。

前田勉『江戸の読書会 ： 会読の思想史』平凡社、2012。

山根幸夫『大正時代における日本と中国のあいだ』研文出版、
　　1998。

山室信一『近代日本的东北亚区域秩序构想』中央研究院东北
　　亚区域研究、2001。

山室信一『思想課題としてのアジア： 基軸・連鎖・投企』岩
　　波書店、2001。

湯浅幸孫『中国倫理思想の研究』同朋社、1981。

丸山真男『日本政治思想史研究』東京大学出版会、1976。

丸山真男『現代政治の思想と行動』未来社、1970。

原田種成『貞観政要の研究』吉川弘文館、1965。

源了圓『近世初期実学思想の研究』創文社、1980。

竹内好編『アジア主義』筑摩書房、1963。

陳徳仁、安井三吉編『孫文・講演「大アジア主義」資料
　　集： 1924 年 11 月日本と中国の岐路』法律文化社、
　　1989。

黄俊傑『東アジア思想交流史：中国．日本．台湾を中心とし
　　て』着，藤井倫明、水口幹記訳、岩波書店、2013。

陶徳民『懐徳堂朱子学の研究』大阪大学出版会、1994。

陶徳民『明治の漢学者と中国： 安繹・天囚・湖南の外交論
　　策』関西大学出版部、2007。

三　英文

Berman, Elizabeth Popp, *Creating the Market University: How
　　Academic Science Became an Economic Engine* (Princeton:
　　Princeton University Press, 2012).

Brandauer, Frederick P. and Chun-chieh Huang eds., *Imperial Rulership and Cultural Change in Traditional China* (Seattle: University of Washington Press, 1994).

Bruns, Gerald L., *Hermeneutics: Ancient and Modern* (New Haven and London: Yale University Press, 1992).

Callahan, William A. and Elena Barabantseva eds., *China Orders the World: Normative Soft Power and Foreign Policy* (Baltimore: Johns Hopkins University Press, 2012).

Carr, David, *Making Sense of Education: An Introduction to the Philosophy and Theory of Education and Teaching* (London and New York: RoutledgeFalmer, 2003).

Collingwood, R. G., *The Idea of History* (Oxford: Clarendon Press, 1946).

de Bary, Wm. Thedore, *The Liberal Tradition in China* (Hong Kong: Chinese University Press; New York: Columbia University Press, 1983).

Deuchler, Martina, *The Confucian Transformation of Korea: A Study of Society and Ideology* (Cambridge, Mass. and London: Council on East Asian Studies, Harvard University, 1992).

Durkheim, Émile, Sarah A. Solovay and John H. Mueller trs., *The Rules of Sociological Method* (New York: Free Press, 1966).

Eisenstadt, Shmuel N., *The Political Systems of the Empires: The Rise and Fall of the Historical Bureaucratic Societies* (New

York: The Free Press, 1963, 1969).

Fairbank,John K., *The Chinese World Order* (Cambridge, Mass.: Harvard University Press, 1968).

Friedberg, Aaron, *A Contest for Supremacy: China, America, and the Struggle for Mastery in Asia* (New York: W. W. Norton, 2011).

Geertz, Clifford, *The Interpretation of Cultures* (New York: Basic Books, Inc., 1973).

Gramsci, Antonio, John Mathews tr., *Selections from Political Writings, 1910-1920* (Minneapolis: University of Minnesota Press, 1990).

Gramsci, Antonio, *Selections from Cultural Writings* (Cambridge, Mass.: Harvard University Press, 1985).

Halbwachs, Maurice, Lewis A. Coser ed. and tr., *On Collective Memory* (Chicago and London: University of Chicago Press, 1992).

Hoare, Quintin and Geoffrey Nowell Smith eds., *Selections from the Prison Notebooks of Antonio Gramsci* (London: Lawrence & Wishart, 1996).

Horner, Charles, *Rising China and Its Postmodern Fate: Memories of Empire in a New Global Context* (Athens: University of Georgia Press, 2009).

Hsu, Immanuel C. Y., *China's Entrance into the Family of Nations:*

The Diplomatic Phase (Cambridge, MA.: Harvard University Press, 1960).

Huang, Chun-chieh, *East Asian Confucianisms: Texts in Contexts* (Göttingen and Taipei: V&R Unipress and National Taiwan University Press, 2015).

Huang, Chun-chieh, *Taiwan in Transformation: Retrospect and Prospect* (New Brunswick and London: Transaction Publishers, 2014).

Huang, Chun-chieh and Jörn Rüsen eds., *Chinese Historical Thinking: An Intercultural Discussion* (Göttingen and Taipei: V&R Unipress and National Taiwan University Press, 2015).

Huntington, Samuel P., *The Clash of Civilizations and the Remaking of the World Order* (New York: Simon and Shuster, 1996).

Hutchins, Robert Maynard, *The Higher Learning in America* (New Haven: Yale University Press, 1936).

Hymes, Robert and Conrad Schirokauer eds., *Ordering the World: Approaches to State and Society in Sung Dynasty China* (Berkeley, Calif.: University of California Press, 1993).

Jacques, Martin, *When China Rules the World: The End of the Western World and the Birth of a New Global Order* (New York: Penguin, 2009).

J. L. Austin, *How to Do Things with Words* (Cambridge: Harvard University Press, 1962).

John R. Searle, *Speech Acts: An Essay in the Philosophy of Language* (Cambridge: Cambridge University Press, 1969).

Kakuz ō , Okakura, *The Ideals of the East: with Introduction and Notes by Hiroshi Muraoka* (London: John Murray, 1903; Tokyo: Kenkyusha, 1931);Kakuz ō , Okakura, *The Awakening of Japan* (New York: Century Co., 1904).

Kissinger, Henry, *On China* (New York: Penguin Press, 2010).

Kristof, Nicholas D. et al. eds., *The Rise of China* (Council on Foreign Affairs Inc., 1998).

Moore, G. E., *Principia Ethica* (Cambridge: Cambridge University Press, 1960).

Moore, G. E, William H. Shaw ed., *Ethics: And, The Nature of Moral Philosophy* (Oxford: Clarendon Press, 2005).

Morris, Ian, *Why the West Rules —— For Now* (New York: Farrar, Straus and Giroux, 2011.

Mote, Frederick W., *Intellectual Foundations of China* (Cambridge, Mass: The Colonial Press, Inc., 1971).

Najita, Tetsuo, *Visions of Virtue in Tokugawa Japan: The Kaitokudo Merchant Academy of Osaka* (Chicago: University of Chicago Press, 1987)

Peters, R. S., *Ethics and Education* (London: George Allen and Unwin, 1966).

Plato, *Phaedo*, in Paul Friedländer, tr. by Hans Meyerhoff, *Plato:*

The Dialogues: Second and Third Periods (Princeton: Princeton University Press, 1970).

Polanyi, Machael, *The Tacit Dimension* (New York: Doubleday, 1966).

Pratt, Mary L., *Imperial Eyes: Travel Writing and Transculturation* (London: Routledge, 2000, c1992).

Rural Economics Division, JCRR, *Taiwan Agriculture Statistics, 1901-1965* (Taipei: JCRR, 1966).

Russell, Bertrand, *The Problem of China* (London: Allen & Unwin, 1972).

Said, Edward W., *The World, the Text, and the Critic* (Cambridge, Mass.: Harvard University Press, 1983).

Searle, John R., *Speech Acts: An Essay in the Philosophy of Language* (Cambridge: Cambridge University Press, 1969).

Wang, Yuan-kang, *Harmony and War: Confucian Culture and Chinese Power Politics* (New York: Columbia University Press, 2010).

Weber, Max, Edward A. Shils and Henry A. Finch trs. and eds., *The Methodology of Social Sciences* (New Brunswick, NJ: Transaction Publishers, 2011).

Wheatly, Paul, *The Pivot of the Four Quarters: A Preliminary Enquiry into the Origins and Character of the Ancient Chinese City* (Chicago: Aldine Publishing Company, 1971).

论文

一　中文

〔日〕岛田虔次：《战后日本宋明理学研究的概况》，《中国哲学》第 7 辑、1982 年 3 月。

〔日〕内藤湖南：《概括的唐宋时代观》，黄约瑟译，收入刘俊文主编《日本学者研究中国史论著选译》第 1 卷，中华书局，1992。

〔日〕山室信一：《对亚洲的思想史探索及其视角》，田世民译，收入山室信一等著《论坛：东亚研究方法论的再思考》，《台湾东亚文明研究学刊》第 10 卷第 2 期（2013 年 12 月）。

〔日〕藤井伦明：《日本山崎闇斋学派的"中国 / 华夷"论探析》，《台湾东亚文明研究学刊》第 12 卷第 1 期。

陈昭瑛：《连横〈台湾通史〉中的"民族"概念：旧学与新义》，收入氏著《台湾与传统文化》，台北：台大出版中心，2005。

陈昭瑛：《连横的〈台湾通史〉与清代公羊思想》，收入氏著《台湾与传统文化》，台北：台大出版中心，2005。

戴君仁：《汉武帝抑黜百家非发自董仲舒考》，《孔孟学报》第 16 期（1968 年 9 月）。

黄俊杰：《朝鲜时代君臣对话中的孔子与〈论语〉：论述脉络与政治作用（14—19 世纪）》，收入黄俊杰编《东亚视域中孔子的形象与思想》第 10 章，台北：台大出版中心，2016。

黄俊杰：《德川日本孟子学论辩中的管仲论及其相关问题》，收入郑宗义等编《全球与本土之间的哲学探索：刘述先先生八秩寿庆论文集》，台北：台湾学生书局，2014。

黄俊杰：《东亚儒家政治思想中的"仁政"论述及其理论问题》，收入氏著《东亚儒家"仁"学：内涵与实践》，台北：台大出版中心，2016。

黄俊杰：《东亚文化交流史中的"去脉络化"与"再脉络化"现象及其研究方法论问题》，《东亚观念史集刊》第 2 期（2012 年 6 月）。

黄俊杰：《论东亚儒家经典诠释与政治权力之关系：以〈论语〉、〈孟子〉为例》，收入氏著《东亚文化交流中的儒家经典与理念：互动、转化与融合》，台北：台大出版中心，2010。

黄俊杰：《论中国经典中"中国"概念的涵义及其在近世日本与现代台湾的转化》，收入氏著《东亚文化交流中的儒家经典与理念：互动、转化与融合》第 4 章，台北：台大出版中心，2010。

黄俊杰：《孟子的王道政治及其方法论预设》，收入氏著《孟学思想史论·卷一》第 6 章，台北：东大图书出版公司，1991。

黄俊杰：《儒家历史解释的理论基础：朱子对中国历史的解释》，收入氏著《儒家思想与中国历史思维》第 6 章，台北：台大出版中心，2014。

黄俊杰：《十八世纪东亚儒者的思想世界》，收入氏著《东亚文化交流中的儒家经典与理念：互动、转化与融合》，台北：

台大出版中心，2010。

黄俊杰:《十九世纪末年日本人的台湾论述：以上野专一、福泽谕吉与内藤湖南为例》，收入氏著《台湾意识与台湾文化》，台北：台大出版中心，2007。

黄俊杰:《土地改革及其对台湾农村与农民的冲击》，收入氏著《战后台湾的转型及其展望》，台北：台湾大学出版中心，2007。

黄俊杰:《中国历史写作中史论的作用及其理论问题》，收入氏著《儒家思想与中国历史思维》第 2 章，台北：台大出版中心，2014。

黄俊杰:《朱子"仁说"及其在德川日本的回响》，收入钟彩钧编《东亚视域中的儒学：传统的诠释》(第四届国际汉学会议论文集)，台北："中央研究院"中国文哲研究所，2013。

劳思光:《对于如何理解中国哲学之探讨及建议》，《中国文哲研究集刊》创刊号（1991 年 3 月）。

李明辉:《孟子王霸之辨重探》，收入氏著《孟子重探》，台北：联经出版事业公司，2001。

毛泽东:《新民主主义论》，收入《毛泽东选集》，人民出版社，1964。

苗威:《关于金富轼历史观的探讨》，《社会科学战线》2012 年第 3 期。

彭泽周:《中山先生的北上与大亚洲主义》，《大陆杂志》66 卷 3

期（1983 年 3 月）。

孙中山：《论著·中国革命史（民国 12 年 1 月 29 日）》，收入
　　《国父全集》编辑委员会编《国父全集》第 2 册，台北：
　　近代中国出版社，1989。

孙中山：《宣言及文告·北上宣言》，收入《国父全集》编辑
　　委员会编《国父全集》第 2 册，台北：近代中国出版社，
　　1989。

孙中山：《宣言及文告·中国国民党第一次全国代表大会宣言
　　（民国 13 年 1 月 31 日）》，收入《国父全集》编辑委员会
　　编《国父全集》第 2 册，台北：近代中国出版社，1989。

孙中山：《宣言及文告·中国国民党忠告日本国民宣言（民国 13
　　年 8 月 7 日）》，收入《国父全集》编辑委员会编《国父全
　　集》第 2 册，台北：近代中国出版社，1989。

孙中山：《演讲·大亚洲主义（民国 13 年 11 月 28 日在神户高
　　等女校对神户商业会议所等五团体演讲）》，收入《国父全
　　集》编辑委员会编《国父全集》第 3 册，台北：近代中国
　　出版社，1989。

孙中山：《演讲·耕者要有其田（民国 13 年 8 月 21 日在广州
　　农民运动讲习所演讲）》，收入《国父全集》编辑委员会编
　　《国父全集》第 3 册，台北：近代中国出版社，1989。

孙中山：《演讲·学生须以革命精神努力学问（民国 2 年 2 月
　　23 日在东京对留学生全体演讲）〉，收入《国父全集》编辑
　　委员会编《国父全集》第 3 册，台北：近代中国出版社，

1989。

孙中山:《演讲·中日须互相提携（民国 2 年 2 月 15 日晚在日本东亚同文会欢迎席上演讲大要)》，收入《国父全集》编辑委员会编《国父全集》第 3 册，台北：近代中国出版社，1989。

陶德民:《日美建交之初一椿偷渡公案的新解读——吉田松阴〈投夷书〉在耶鲁大学档案馆发现》，收入《东亚文明研究通讯》第 6 期（2005 年 1 月）。

徐复观:《程朱异同》，收入氏著《中国思想史论集续篇》，台北：时报文化出版公司，1982。

徐复观:《悼念萧一山、彭醇士两先生》，收入《徐复观杂文·忆往事》，台北：时报文化出版公司，1980。

徐复观:《东行杂感》，收入《中国文学论集续篇》，台北：台湾学生书局，1981。

于省吾:《释中国》，收入胡晓明、傅杰主编《释中国》卷 3，上海文艺出版社，1998。

余英时:《孙逸仙的学说与中国传统文化》，收入氏著《人文与理性的中国》，台北：联经出版公司，2008。

张汉宜、辜树仁:《全球航空争霸战，亚洲佔鳌头》，《天下杂志》第 378 期（2007 年 8 月 15 日）。

张崑将:《近世东亚儒者对忠孝伦常冲突之注释比较》，收入潘朝阳主编《跨文化视域下的儒家伦常》上册，台北：师大出版中心，2012。

郑开:《论"中国意识"的思想史建构》,收入《思想史研究》
　　第 9 辑,上海人民出版社,2012。
曾奕:《内外与夷夏:古代思想中的"中国"观念及其演变》,
　　收入《思想史研究》第 9 辑,上海人民出版社,2012。

二　日文

三浦国雄「気数と事勢——朱熹の歴史意識」『東洋史研究』第
　　42 巻第 4 号、1984 年 3 月。
内藤湖南「概括的唐宋時代観」『歴史と地理』第 9 巻第 5 号、
　　1922 年 5 月。
市川安司「朱子哲学に見える「知」の考察——《大学章句》
　　「致知」の注を中心にして」氏著『朱子哲学論考』汲古
　　書院、1985。
佐川修「武帝の五経博士と董仲舒の天人三策について——
　　福井重雅氏"儒教成立史の二三の問題"に対する疑義」
　　『集刊東洋学』第 17 集、1969 年 5 月。
近藤啓吾「浅見絅斎先生年譜」『東洋文化研究所紀要』第 4
　　輯、1953 年 3 月。
狭間直樹「国民革命の舞台としての一九二〇年代の中国」狭
　　間直樹編『一九二〇年代の中国』汲古書院、1995。
越智重明「孝思想の展開と始皇帝」『国立台湾大学历史学系学
　　报』第 15 期、1990 年 12 月。
湯浅幸孫「心情倫理伦理と責任倫理」日原利国編『中国思想

史辞典』研文出版、1984。

福井重雅「儒教成立史上の二三の問題——五経博士の設置と董仲舒の事蹟に関する疑義」『史学雑誌』第 76 巻、第 1 号、1967 年。

陈鹏仁「孫文の大アジア主義と日本」『华冈外语学报』第 11 期、2004 年 3 月。

三　韓文

金相五：〈党争史의立场에서본李珥의文庙从祀问题（从党争史的立场看李珥的文庙从祀问题）〉,《全北史学》第 4 期（1980 年 12 月）。

〔韩〕박희병：〈淺見絅齋와 洪大容：中華的華夷論 의 解體樣相과 그 意味〉,《大東文化研究》, 第 40 輯（2002 年）。

四　英文

Balazs, Étienne, "Political Philosophy and Social Crisis at the End of the Han Dynasty," in H. M. Wright tr., *Chinese Civilization and Bureaucracy* (New Haven: Yale University Press, 1964), pp. 187-225.

Biersack, Aletta, "Local Knowledge, Local History: Geertz and Beyond," in Lynn Hunt ed., *The New Cultural History* (Berkeley, Calif.: University of California Press, 1989), pp. 72-96.

Burke, Peter, "Western Historical Thinking in a Global Perspective:
10 Theses," in Jörn Rüsen ed., *Western Historical Thinking:
An Intercultural Debate* (New York, Oxford: Berghahn Books,
2002), pp. 15-30.

Callahan, William A., "Sino-speak: Chinese Exceptionalism and
the Politics of History," *The Journal of Asian Studies*, Vol. 71,
Issue 1 (February, 2012), pp. 33-55.

Carr, David, "Traditionalism and Progressivism: A Perennial
Problematic of Educational Theory and Policy," *Westminster
Studies in Education*, Vol. 21 (1998), pp. 47-55.

Carr, David, "Education, Contestation and Confusions of Sense and
Concept," *British Journal of Educational Studies*, Vol. 58, No.
1 (March, 2010), pp. 89-104.

Chan, Hok-lam, "'Comprehensiveness' (Tung) and 'Change' (Pien)
in Ma Tuan-lin's Historical Thought," in Hok-lam Chan and
Wm. Theodore de Bary eds., *Yüan Thought: Chinese Thought
and Religion Under the Mongols* (New York: Columbia
University Press, 1982), pp. 27-88.

de Bary, Wm. T., "Chu Hsi's Aims as an Educator," in Wm. T. de
Bary and John W. Chaffee eds., *Neo-Confucian Education:
The Formative Stage* (Berkeley and London: University of
California Press, 1989), pp. 186-218.

Ferguson, Niall, "Complexity and Collapse: Empires on the Edge of

Chaos," Foreign Affairs (March/April, 2010), pp. 18-32.

Foroohar, Rana, "The End of Europe," Time, Vol. 178, No. 7 (August 22, 2011), pp. 20-25.

Huang, Chun-chieh, "A Confucian Critique of Samuel P. Huntington's Clash of Civilization," East Asia: An International Quarterly, Vol.16, No.1/2 (spring/summer, 1997), pp. 148-156.

Huang, Chun-chieh, "Mencius' Educational Philosophy and Its Contemporary Relevance," Educational Philosophy and Theory, Vol. 46, No. 13 (December, 2014), pp. 1462-1473.

Huang, Chun-chieh, "Dr. Sun Yat-sen's Pan-Asianism Revisited: Its Historical Context and Contemporary Relevance," Journal of Cultural Interaction in East Asia, vol. 3 (March, 2012), pp. 69-74.

Huang, Chun-chieh, "On the Contextual Turn in the Tokugawa Japanese Interpretation of the Confucian Classics: Types and Problems," Dao: A Journal of Comparative Philosophy, Vol. 9, No. 2 (June, 2010), pp. 211-223.

Huang, Chun-chieh, "Imperial Rulership in Cultural History: Chu Hsi's Interpretation," in Brandauer and Huang eds., Imperial Rulership and Cultural Change in Traditional China (Seattle: University of Washington Press, 1994), pp. 144-187.

Huang, Chun-chieh, "Some Notes on Chinese Historical Thinking," in Huang Chun-chieh and Jörn Rüsen eds., Chinese Historical

Thinking: An Intercultural Discussion (Göttingen and Taipei: V&R Unipress and National Taiwan University Press, 2015), pp. 195-202.

Huang, Chun-chieh, "Historical Thinking in Classical Confucianism: Historical Argumentation from the Three Dynasties," in Chun-chieh Huang and Erik Zürcher eds., *Time and Space in Chinese Culture* (Leiden: E. J. Brill, 1995), pp. 72-88.

Ichisada, Miyazaki, "Konan Naitō: An Original Sinologist," *Philosophical Studies of Japan*, 8 (1968), pp.93-116.

Iriye, Akira, "The Ideology of Japanese Imperialism," in Grant K. Goodman, ed., *Imperial Japan and Asia: A Reassessment* (Occasional Paper of the East Asia Institute, Columbia University, 1967), pp. 32-45。

J. L. Austin, "Performative Utterances," in A.P. Martinich ed., *The Philosophy of Language* (New York: Oxford University Press, 1996, 3rd edition), pp. 120-129.

John R. Searle, "A Taxonomy of Illocutionary Acts," in K. Gunderson ed., *Language, Mind, and Knowledge* (Minneapolis: Minnesota University Press, 1975), pp. 344-369。

Lao, Sze-kwang, "On Understanding Chinese Philosophy: An Inquiry and a Proposal," in Robert E. Allinson ed., *Understanding the Chinese Mind: The Philosophical Roots* (Hong Kong: Oxford University Press, 1989), pp. 265-293.

Liu, James T. C., "Integrative Factors through Chinese History: Their Interaction," James T. C. Liu and Wei-ming Tu eds., *Traditional China* (Englewood Cliffs: Prentice-Hall, Inc., 1970), pp. 10-23.

Loewe, Michael, "The Heritage Left to the Empires," in Michael Loewe and Edward I. Shaughnessy eds., *The Cambridge of Ancient China: From the Origins of Civilization to 221 B.C.* (Cambridge: Cambridge University Press, 1999), pp. 967-1032.

Mearsheimer, John J., "Taiwan's Dire Strait," *National Interest*, Issue 130 (Mar./Apr., 2014), pp. 29-39.

Miyakawa, Hisayuki, "An Outline of the Naitō Hypothesis and Its Effects on Japanese Studies of China," *Far Easter Quarterly*, XIV:4 (Aug. 1955), pp. 513-522.

Mote, Frederick W., "The Cosmological Gulf between China and the West," in David C. Buxbaum and Frederick W. Mote eds., *Transition and Permanence: Chinese History and Culture: A Festschrift in Honor of Dr. Hsiao Kung-ch'üan* (Hong Kong: Cathay Press Limited., 1972), PP. 3-21.

Park, Hee-byoung, "Asami Keisai and Hong Daeyong: Dismantling the Chinese Theory of the 'Civilized' and 'Uncivilized'," *Seoul Journal of Korean Studies*, Vol. 17 (2004), pp. 67-113.

Peters, R. S., "Aims of Education," in R. S. Peters ed., *The Philosophy of Education* (Oxford: Oxford University Press, 1973), pp. 11-57.

Sartre, Jean-Paul, "Existentialism Is a Humanism," in Walter Kaufman ed., *Existentialism from Dostoyevsky to Sartre* (London: Meridian Publishing Company, 1989), pp. 17-55.

Searle, John R., "A Taxonomy of Illocutionary Acts," in K. Gunderson ed., *Language, Mind, and Knowledge* (Minneapolis: Minnesota University Press, 1975), pp. 344-369.

Time, "The Decline and Fall of Europe," *Time*, Vol. 178, No. 7, (August 22, 2011).

Weber, Max, "Politics as a Vocation," in W. G. Runciman ed. and E. Matthews tr., *Max Weber: Selections in Translation* (Cambridge and New York: Cambridge University Press, 1978), pp. 212-225.

图书在版编目（CIP）数据

思想史视野中的东亚 / 黄俊杰著 . -- 北京：社会
科学文献出版社，2024. 10. -- ISBN 978-7-5201-9443-3

Ⅰ. B31

中国国家版本馆 CIP 数据核字第 2024HV9859 号

思想史视野中的东亚

著　　者 / 黄俊杰

出 版 人 / 冀祥德
组稿编辑 / 宋荣欣
责任编辑 / 梁艳玲　石　岩
责任印制 / 王京美

出　　版 / 社会科学文献出版社·历史学分社（010）59367256
　　　　　　地址：北京市北三环中路甲29号院华龙大厦　邮编：100029
　　　　　　网址：www. ssap. com. cn
发　　行 / 社会科学文献出版社（010）59367028
印　　装 / 三河市东方印刷有限公司

规　　格 / 开　本：889mm×1194mm　1/32
　　　　　　印　张：9　插页：0.375　字　数：182千字
版　　次 / 2024年10月第1版　2024年10月第1次印刷
书　　号 / ISBN 978-7-5201-9443-3
定　　价 / 89. 00元

读者服务电话：4008918866